elefante

elefante

CONSELHO EDITORIAL
Bianca Oliveira
João Peres
Tadeu Breda

EDIÇÃO
Tadeu Breda

PREPARAÇÃO
Alyne Azuma

REVISÃO
Laura Massunari

ILUSTRAÇÕES
Hal Wildson

CAPA
Mateus Valadares

DIREÇÃO DE ARTE
Bianca Oliveira

DIAGRAMAÇÃO
Victor Prado

MULHERES DE TERRA E ÁGUA

LUCILA LOSITO (ORG.)

APRESENTAÇÃO
Um livro para escutar 6
Lucila Losito

1 **Uma mulher maxakali em uma aldeia guarani: o feminismo comunitário e o Bem Viver como política** 14
Cristine Takuá

2 **O carimbó paraense, a festa do Sairé e as manobras para colocar a "mãe do corpo" no lugar** 34
Zoleide Farias

3 **A entrada da igreja evangélica na aldeia, o ritual da moça e a maternidade kadiwéu** 46
Adriele Vergílio

4 **Cuidar das crianças e dos morangos, o tempo do tricô e a culinária da roça** 56
Lázara da Silva Mota

5 **Ser a primeira pajé mulher dos Pataxó, a horta comunitária e os recados da lua** 70
Maria d'Ajuda Alves da Conceição Pataxó

6 **Mãe terra, terra mãe: o quilombo, os benzimentos e o sonho como forma de orientação** 82
Josefa Maria da Silva Santos

7 O trabalho familiar com o carrinho de praia, histórias de pescadora e a culinária caiçara 92
Lenita Isabel de Lima

8 Ser a vereadora mais votada sem fazer campanha, a casa de parto e a magia de "pegar criança" 104
Maria José Galdino da Silva

9 Relacionamento abusivo, abortos espontâneos, intersexualidade e o poder das águas minerais 116
Maria Filomena Pereira

10 A união entre mulheres e a pintura corporal: a aventura de viver com 128
Creuza Kadiwéu

11 Intuição e ofício: o papel de fibra de bananeira em terra caiçara 138
Carmen Lúcia Prado

12 A arte de tecer mundos e o casamento contemporâneo numa aldeia kaxinawá 152
Maria Josilene Kaxinawá Pereira

POSFÁCIO
Quando mulheres falam 160
Leda Maria Martins

LUCILA LOSITO

Terapeuta corporal e escritora. Criadora do projeto Tomar Corpo, plataforma que concebe e realiza imersões, festivais e oficinas literárias nas quais o corpo é o principal pilar da criação. É pós-graduada em escrita de ficção pelo Instituto Vera Cruz e pesquisa a relação entre a literatura emergente e a escrita do corpo na Universidade Estadual de Campinas (Unicamp). É autora do romance *Com o corpo inteiro*, contemplado pelo ProAC em 2016 e finalista do Prêmio São Paulo de Literatura em 2020. Vive entre o interior de São Paulo e a Bahia, onde se dedica a transformar o próprio corpo num teto todo seu.

APRESENTAÇÃO

UM LIVRO PARA ESCUTAR

Foi assim, através dos ouvidos, que as palavras destas doze mulheres atravessaram meu corpo antes de chegar ao papel: arrepiando poros e umidecendo os meus olhos. Mais do que ser lido, este é um livro para ser escutado. Tratamos aqui do evento-palavra-corpo, da escrita como extensão da vida, do testemunho enquanto escola, de uma inscrição que tem alma.

Foi com humildade que resolvi colocar a minha caligrafia a serviço da coreografia de mãos que trazem vidas à luz, enrugam e ressecam no contato diário com o sabão, enterram cordões umbilicais no quintal, fazem xaropes e garrafadas para tirar a dor do Outro; que sustentam o contato direto com a terra, enquanto nos perdemos tentando ganhar dinheiro, afeto e reconhecimento, afastados de nosso corpo.

Foi preciso descolonizar os ouvidos, me esvaziar de conceitos que lhes apresentei para que dialogássemos, e também das ideias de reparação que se projetavam sobre a minha condição de privilégio diante delas. Foi preciso tirar o pequeno da frente do imenso, digitar cada palavra em português, guarani, kaxinawá ou kadiwéu como quem reaprende a juntar letras e, sobretudo, seus significados. Deixar que este livro pudesse ser o que ele é: mistério vestido de mulher, capaz de despir qualquer presunção.

Enquanto as minhas mãos estiveram no teclado, as delas estavam ocupadas transformando folhas de bananeira em papel para dar suporte à própria palavra, segurando enxadas, pescando ou cozinhando para alimentar a fome do mundo, encontrando as ervas certas para curar doenças, contando histórias oralmente — porque só assim podem se modificar com o tempo, perpetuando o essencial.

De mãos dadas aqui, mas espalhadas pelo Brasil, elas são invisíveis enquanto colhem morangos, cuidam de idosos e das crianças dos outros para dar conta das próprias crias, limpam a praia do lixo espalhado por turistas endinheirados, pintam e enfeitam corpos para manter íntimos os laços de afeto, oram por ricos e pobres, e deixaram de aprender as letras pois não havia tempo nem interesse pelo que as pudesse afastar de suas naturezas.

Se *oralitor* é aquele que compartilha memórias vivas de seus ancestrais, para além disso essas mulheres desvelam tecnologias aprimoradas diariamente e o conhecimento que carregam no próprio corpo, suas marcas e formas de convívio com outros seres — sejam eles humanos, entidades, animais ou plantas.

Filhas de um genocídio cultural e étnico, trazem nos ossos violências, apagamentos e contradições que fundam suas existências. Enxergam o futuro através dos sonhos, dançam com a morte e se banham em águas que as ajudam a transcender injustiças, racismos e abusos.

Lalá e Filomena conheço desde que nasci. Elas marcaram intimamente as minhas memórias da infância. Fui ao encontro delas há alguns anos, e é um privilégio tê-las por perto, ouvir suas histórias depois de adulta, voltar a participar de suas vidas e agradecer-lhes pelo impagável convívio e afeto. Josi Kaxinawá e Cris Takuá são parceiras na caminhada rumo ao Bem Viver. Conheci as duas na Aldeia Guarani do Rio Silveira, onde tive a chance de participar de rituais, compartilhar silêncios, trocar sonhos, observar e aprender. Creuza Kadiwéu e Adriele Vergílio encontrei na Aldeia Alves de Barros, organizando uma residência artística com o apoio do Instituto Acaia Pantanal, da qual Adriele participou como artista. Mãe Zezé, Dona Jaçanã e Dona Zefa da Guia me foram apresentadas por meio de uma parceria com o projeto Mulheres da Terra. Lenita Lima e Carmen Prado são amigas que fiz na época em que morei no Litoral Norte de São Paulo, cocriando e coordenando a residência artística Kaaysá. Dona Zoleide encontrei em Alter do Chão, no Pará, organizando uma imersão literária que propunha investigar o corpo enquanto animal em extinção. Todas elas me ajudaram a acessar o meu próprio corpo e me ensinaram que amor é mais gesto que conceito, mais verbo que substantivo. Fazer com que mais pessoas possam conhecer as suas histórias e dicções me pareceu, mais que um ato político, um compromisso humano, ético e estético.

Nascido no Vale do Araguaia, Hal Wildson, responsável pelas ilustrações deste livro, é artista multimídia e poeta mestiço, cujo trabalho tem como foco a reconstrução de memórias coletivas e autobiográficas. Leda Maria Martins, autora do posfácio, é a pensadora que cunhou o termo "oralitura" e tem sido uma das bases da minha pesquisa de mestrado sobre a relação entre escrita e corpo. Carola Saavedra, romancista e pesquisadora da literatura indígena, é um grande sul para o meu trabalho como autora. Com Márcia Kambeba, compartilho a experiência de ter lançado o primeiro livro pela Editora Jandaíra. É uma alegria estar ao lado de pessoas com propósitos similares e pesquisas complementares, em favor de uma visão expandida da literatura, do feminismo e da humanidade.

Embora as discussões feministas se apresentem de forma cada vez mais expressivas na contemporaneidade, elas não fazem sentido para muitas das autoras deste livro. Exatamente por isso, e por sabermos tão pouco sobre os modos de viver indígena, caiçara, caipira e quilombola no que diz respeito às mulheres, suas visões são contribuições importantes para pautas feministas da atualidade. A cada capítulo, com a autoria de uma convidada, vemos o entrelaçamento de temas latentes no mundo atual. Algumas delas não sabem ler ou escrever, sobretudo em português, porém são líderes em suas comunidades; têm origens distintas, mas falam a mesma língua: a da terra, a das águas. Elas são muito diferentes entre si, todavia trazem olhares que se aproximam de algo que nos falta.

Ao preservar ofícios e técnicas corporais milenarmente praticadas por mulheres, estamos abrindo espaço para modos femininos de fazer e se inscrever. Ainda que o número de mulheres com livros publicados tenha aumentado nos últimos tempos, por vivermos numa sociedade patriarcal, sobre a feminilidade nós ainda temos quase tudo por resgatar.

Enquanto convida a leitora e o leitor para comer um pedaço de bolo e tomar um chá, este livro coloca em contraste o papel da mulher nas comunidades ancestrais *versus* o papel da mulher na sociedade contemporânea. É possível traçar uma relação entre a amputação (ou diminuição) da participação feminina na gestão de corpos, da sociedade e da paisagem com o declínio da relação sustentável da nossa cultura com o meio. Vivemos, afinal, numa sociedade em que as regras foram estabelecidas por corpos que não dão à luz e, talvez por isso, estejam obcecados com a morte e com o envelhecimento, ao invés de se orientarem para a vida e para o nascimento.

Nem todo mundo sabe, por exemplo, que as florestas brasileiras eram jardins culturais transformados pela ação feminina; que corpos cultivados através de pinturas e rituais, ou alimentados de forma natural, adoeciam muito menos. Poucas pessoas prestam atenção ao quão destrutiva se tornou nossa alimentação, para que se tornasse cada vez mais lucrativa; ao quão abusivas e neuróticas se tornaram as nossas relações, ainda que permeadas por algum afeto.

Com o intuito de reconstruir o elo entre mulheres, do passado e do presente — independentemente de suas heranças sanguíneas, étnicas ou culturais, tateando fronteiras entre o corpo e a palavra —, esperamos que este livro se torne uma ferramenta de abertura ao diálogo.

Talvez as histórias orais tenham sido os primeiros instrumentos de cura da humanidade. Desde os primórdios, causos e lendas são contados ao redor das fogueiras, dos fogões, na beira de rios e mares. Antes de serem classificadas dentro dos mais diferentes gêneros literários, elas serviram e servem, ainda hoje, como forma viva de construção de saberes e integração de vivências. Talvez as primeiras escritoras tenham sido lavadeiras, curandeiras, cozinheiras e bordadeiras. Talvez estejamos diante da mais antiga estética literária feminina, aquela que se dava — e ainda se dá — oralmente.

Cultivei este livro ao longo dos últimos anos de pandemia como se ele fosse um grão, acolhendo as mudanças que ele pedia que eu fizesse em minha própria vida. Lanço estas palavras-sementes ao mundo, de mãos dadas com a fortaleza dessas mulheres, como se o próprio livro irrompesse da terra, nutrido pelas águas de nossos ventres, em oração para que cresçam e germinem. Não por acaso, tantas histórias deste livro carregam o elo entre mãe e filha. Que ele também possa ser uma homenagem às nossas mães e avós literárias.

Termino de escrever esta apresentação não tão segura do ofício da escrita, a menos que ele possa voltar a ser um ato de semear e colher, na companhia da própria vida. Nutrida pelo desejo de voltar a ser apenas um corpo que sente e dança com os eventos com que se depara, espero que estas palavras — que não são minhas, mas se tornaram um ritual de voltar a mim — possam chegar a você também como uma espécie de resgate. Num mundo em pandemia e guerra, escrever parece só valer a pena se a literatura puder se curvar perante o papel, da mesma forma que essas mulheres se curvam diante da força brincalhona da criação, para amainar o peso da realidade.

CRISTINE TAKUÁ

Educadora, mãe, ativista e artesã indígena. Formada em filosofia pela Universidade Estadual Paulista (Unesp), lecionou por doze anos na Escola Estadual Indígena Txeru Ba'e Kua-I. Pertence à Terra Indígena Ribeirão Silveira, no Litoral Norte do estado de São Paulo. É fundadora e diretora do Instituto Maracá e foi representante da Comissão Guarani Yvyrupa (CGY). É conselheira do Aty Mirim do Museu das Culturas Indígenas de São Paulo e coordenadora da ação colaborativa das Escolas Vivas dentro do Selvagem — Ciclo de estudos sobre a Vida.

1

UMA MULHER MAXAKALI EM UMA ALDEIA GUARANI: O FEMINISMO COMUNITÁRIO E O BEM VIVER COMO POLÍTICA

Quando penso na palavra "feminismo", antes de tudo, preciso pontuar que é uma concepção que parte das sociedades não indígenas. Então, quando a gente tenta trazer para o nosso entendimento, dentro da nossa ótica, das experiências que acontecem nas comunidades que frequentamos, que são muitas, fica tudo ainda mais complexo.

Cada cultura tem um modo de entendimento da prática de vida da mulher e da atuação das mulheres de modo geral, mas para os povos indígenas não existe a mulher feminista, não existe essa busca por um lugar na sociedade que seja compatível com o lugar que o homem ocupa, seja nas funções de trabalho, seja na sociedade mesmo. A gente entende que o feminismo é uma expressão forte e necessária no Ocidente, mas, para nós, se for para falar em feminismo, faz mais sentido pensar em "feminismo comunitário", um movimento muito forte que existe na Bolívia.

O feminismo comunitário é uma corrente de pensamento em que o homem e a mulher ocupam um lugar de complementação, e juntos lutam pela realização da comunidade, ajudando um ao outro no caminho do Bem Viver. A mulher, sozinha, sente dificuldade de seguir sua caminhada sem o homem, e, da mesma forma, o homem não consegue se realizar sem a mulher. Enxergamos a existência do homem e da mulher como complementares. Dois seres que seguem juntos, que se ajudam na vida comunitária, que almejam a construção de uma vida equilibrada, uma convivência em que prevaleça o respeito por todas as formas de vida. Ainda que sejam diferentes as contribuições do homem e da mulher para a sociedade, elas não são menos ou mais importantes. Para nós, não há uma divisão, uma luta ou um duelo entre homem e mulher, como eu vejo que acontece fora das comunidades indígenas. Para poder existir, somos obrigados a resistir a violências constantes e precisamos estar juntos e fortes.

Entretanto, acho que as coisas mudaram muito através dos tempos. Isso é uma coisa que estou sempre tentando conversar com os mais velhos, para entender melhor. Há muitos séculos, a vida era diferente. A gente sabe que, com a chegada do colonizador e do cristianismo, houve aquele momento de interrupção da organização social das comunidades indígenas. Pela cruz e pela espada, outra moral foi imposta, remodelando nossos sistemas de casamento, nossa organização política, social e até cultural. Hoje em dia, existe uma sobreposição do homem com relação à mulher em alguns níveis. No caso das lideranças, por exemplo, que são na maioria das vezes masculinas, acredito que seja uma consequência da imposição da visão cristã europeia, ou uma reação da nossa cultura a essa moral que eu considero quadrada. As crenças trazidas pela igreja católica são limitadas a conceitos que não pertenciam aos povos indígenas.

Eu sou Maxakali, pertenço a um povo de Minas Gerais. Temos uma concepção da existência do homem e da mulher diferente da forma como a Itália ou a Espanha enxergam. Deve ter sido um grande choque, em outros tempos. O povo Guarani também tem uma visão do ser e do existir aqui na Terra que é muito diversa. Os Guarani falam em *teko porã*, que é uma forma boa e bela de existir no território. Para que possamos ser e existir de uma forma equilibrada neste planeta, tem que haver respeito. Se hoje existe o machismo, que é a imposição do homem sobre a mulher, obrigando e ditando regras, é uma consequência do contato com o colonizador. Antigamente, não era assim.

A gente vê, hoje em dia, em muitas regiões e comunidades, homens tendo uma atitude violenta perante algumas mulheres, impondo o seu modo de pensar, a sua visão de como as coisas devem ser organizadas. Por outro lado, também existem movimentos fortes de mulheres em muitos dos nossos povos que têm feito assembleias, conferências, reuniões, dentro e fora das comunidades, para justamente discutir essas questões. Nós nos preocupamos não somente com a violência contra a mulher mas também com o papel da mulher dentro e fora da comunidade, na política de modo geral. Essa é uma questão muito complexa, que pode ser vista por muitos ângulos.

Na cosmologia guarani mbya, por exemplo, existe um entendimento de dois princípios opostos, que compõem tudo o que existe: o princípio rápido, que em guarani é *anhã*, e o princípio lento, que é *mbeguei*. São duas energias que se complementam, mas não são, necessariamente, incorporações do bem ou do mal, do homem ou da mulher. São princípios opostos que estão em nossos corpos, que compõem tudo o que existe no cosmo. Se a gente adoece de algum mal-estar, é porque essas energias estão desequilibradas. Todos nós, seja homem ou mulher, temos esses dois princípios. Cabe a cada um de nós criar a ponte entre seus opostos, um equilíbrio entre eles. Porque, se a gente deixa a energia do rápido (*anhã*) sobressair, vai ficar acelerado e desenvolver uma série de distúrbios no corpo. Por outro lado, se a gente ficar preso no princípio mais lento (*mbeguei*), também não vai ter disposição para fazer o que a gente precisa no dia a dia.

A grande busca é perceber que nós somos feitos de polos contrários e necessários, que se complementam, e que é possível encontrar o equilíbrio entre eles. Isso exige atenção especial a coisas como a alimentação, a prática da espiritualidade, a própria concepção da existência, um diálogo de você com você. Existem vários pontos que precisam ser olhados para conseguir chegar a esse equilíbrio. É uma prática constante que os *txeramoi*, rezadores mais velhos, sempre nos orientam. Nas filosofias orientais, sei que as pessoas chamam isso de outros nomes, como *yin* e *yang*.

Andei pensando muito sobre a relação entre *yin* e *yang*, que se parece bastante com o nosso *mbeguei* e *anhã*. São energias opostas de culturas diferentes, mas que, de certa forma, estão falando sobre a mesma coisa. Vejo que a sociedade vem passando por um processo de aceleração absurda, que faz com que o princípio *anhã*, *yang*, ou muito rápido, cresça de forma desenfreada. As pessoas não conseguem mais sentir, porque fazem tudo muito rápido e de forma automática. Isso também é uma consequência das tecnologias, desse grande avanço científico dos últimos anos. Estamos sendo bombardeados por um mundo de informações, e os que estão cada vez mais mergulhados nesse universo não dão conta de processar nem a quantidade nem a velocidade dessa produção desenfreada de imagens e conteúdos.

Se, por um lado, a tecnologia nos trouxe mais acesso às coisas do mundo e nos permitiu acessar o que está acontecendo em muitos lugares, ela também faz a gente de refém, deixa a gente sem escolha. Somos diretamente afetados por uma avalanche de informações, e isso tem causado altos índices de depressão — de suicídio, até — entre jovens indígenas. Durante a pandemia, por exemplo, a gente soube de alguns jovens indígenas que se suicidaram em aldeias do estado de São Paulo, em especial na capital. Fico observando essas situações e vejo que há uma aceleração do comportamento das pessoas frente a todo esse modo de vida que hoje é ensinado por meio da televisão, das redes sociais, das mídias. É tanta coisa pra gente processar que as pessoas acordam e mal se dão conta do que sonharam, mal percebem seus corpos, mal refletem sobre a vida, mal conseguem sentir. "Eu sonhei hoje? O que eu sonhei?" Refletir sobre isso já é um processo de desaceleração. É preciso parar para poder sentir. Há muitas coisas que a gente precisa parar para refletir.

Acredito que nós, mulheres, temos uma visão mais sensível, porque historicamente sempre fomos nós que cuidamos dos filhos, nós geramos, gestamos e amamentamos. Sempre fomos responsáveis por cultivar e proteger as sementes, somos as suas guardiãs. Sempre tivemos funções que exigem atenção e concentração. Vejo muito a mulher com esse papel de estar atenta e cuidar, e para ser cuidadora é preciso estar concentrada. Mas não há como se concentrar se você está totalmente acelerada, com o pensamento fora do tempo presente. Hoje em dia, vejo mulheres bastante descompassadas e perdidas, muitas estão adoecendo — não sei se devido a muito sofrimento no passado, ou se por conta da aceleração do presente. Com certeza são muitos fatores misturados, mas um deles é o desequilíbrio dos dois polos [*anhã* e *mbeguei*]. O homem e a mulher deveriam se equilibrar em suas buscas pessoais e comunitárias, não importa a sociedade à qual pertençam, ou a qual cultura, e isso não acontece.

A gente vê altos índices de câncer de útero, câncer no seio, ovários policísticos, são muitas as doenças femininas. De onde vocês acham que surgem esses tumores? Essas doenças? Mesmo dentro das comunidades indígenas, existem mulheres anciãs falecendo de tumores em regiões muito profundas. O câncer no útero é uma coisa forte. Mas a avó da avó da avó da minha avó não tinha isso. Não existia isso. Então, por que hoje nós estamos adoecendo de coisas que antigamente não existiam? A vida mudou, mas será que foi para melhor? Fica cada vez mais difícil, porque até nós, curandeiras, estamos adoecendo. É urgente mudarmos a direção do próximo passo a ser dado.

Todo esse processo de adoecimento que a mulher tem vivido pede um resgate, uma reflexão, um pouco de silêncio. Uma coisa que tem me ajudado bastante é observar e aprender com as crianças, a capacidade de presença delas, de estarem vivas no presente, a pureza. Elas ensinam a gente a estar concentradas de novo. Precisamos arrumar essa bagunça que foi criada por anos e anos de capitalismo, por essa humanidade da qual muita gente se vangloria de fazer parte, mas que não respeita a diferença, que exclui tantos de nós. A grande verdade é que a humanidade está doente. Somos uma humanidade desumana.

Mesmo em meio a tantos desafios, há muito tempo venho sonhando com a possibilidade de fazer o Bem Viver se tornar realidade. A prática do Bem Viver é um conceito muito cultivado por diversos povos indígenas em toda a América, do Equador até lá embaixo, no sul do continente. Muitos adotaram essa concepção de viver, que foi se difundindo mais e mais. Para o povo Guarani, essa palavra condensa todo um conceito que é político, espiritual e social. Em guarani, como eu falei, a gente diz *teko porã*, que significa "a boa e bela forma de ser e estar em um território".

Existem várias formas de praticar o *teko porã*, mas para atingir o Bem Viver a gente precisa ter uma condição de território favorável, o que hoje é complicado por conta de todo o desequilíbrio criado pelo avanço do agronegócio, da mineração e de vários processos que o próprio governo federal autoriza, desequilibrando as terras indígenas e as não indígenas. Muitos outros parentes de comunidades tradicionais, os caiçaras, os quilombolas, os calungas, vêm sofrendo com essa mesma dificuldade nos dias de hoje.

Há muito tempo eu me posiciono. Fui atrás dessa luta política em defesa das florestas, em defesa da educação, de uma educação que fosse transformadora. Durante muitos anos da minha vida, eu me vi nessa busca, tentando cobrar atitudes dos governantes, participando de muitas manifestações para reivindicar esse respeito, que deveria ser garantido na Constituição. Temos o direito a ter uma floresta viva, em pé, porque é através da floresta que a gente consegue praticar uma educação que seja transformadora e útil para as nossas crianças. Só que, com o passar do tempo, fui começando a enxergar que essa luta política de ir a manifestações em Brasília já não estava de acordo com os meus objetivos.

Comecei a tecer comigo outros pensamentos, a achar que a micropolítica do dia a dia pode me levar mais longe. Comecei a acreditar que, dentro da aldeia, eu consigo praticar o Bem Viver de uma forma mais efetiva do que atuando na política em Brasília, que engloba desafios que estão distantes das minhas mãos. O que venho fazendo com quem vive comigo aqui na comunidade é cuidar. Estamos cuidando uns dos outros. Estamos tentando cultivar os nossos próprios remédios. Estamos tentando praticar a vida equilibrada na qual a gente acredita, uma troca saudável com a terra e com os espíritos da floresta.

Seguimos firmes em nossa prática espiritual, e acreditamos que os seres sagrados e os espíritos conseguirão influenciar os atos na política. Para que a gente atinja esse sonho de respeito, a defesa do território, da floresta, não podemos nos tornar outros. A nossa luta não é uma luta para ter mais terra, é uma luta para que a floresta possa existir, para que seres não humanos possam existir. Quando a gente fala em Bem Viver, a gente não está falando do próprio bem-estar; estamos falando também do Bem Viver da paca, da cutia, da lontra, da formiga, da abelha e de todos os viventes. Não somos sozinhos, não habitamos esta morada sagrada sozinhos, fomos trazidos aqui para compartilhar este território com muitos seres. Então, se eu luto apenas por mim, estou sendo egoísta. Quando a gente foi trazida para cá, foi junto com todo mundo. Hoje em dia, eu acredito muito mais na micropolítica, na força da espiritualidade que nos dá coragem para continuar cuidando um do outro. Acredito que os governos e o sistema capitalista vão se transformar em algum momento. Esperamos que seja antes de acabarmos com o planeta.

Durante mais de dez anos, eu e o Carlos Papá, meu companheiro, ficamos viajando e participamos de muitos movimentos de luta pela cultura, pela educação, pela arte, pela defesa dos territórios. Fizemos tudo isso com nossos dois filhos debaixo do braço. Hoje, um está com treze e o outro está com oito anos. Quando eles eram bebês, e mesmo durante a gravidez, eu sempre estava nesses movimentos, participando da resistência política. Muitos desses encontros eram de luta mesmo — às vezes, encontros fortes de enfrentamento com a polícia. Vivi momentos muito marcantes. Me vi como mulher, sendo repreendida pelos olhos de alguns por "estar colocando em risco a vida dos meus filhos". Então, eu pensava: "Não, estou com eles aqui justamente para que meus filhos possam viver, para que desde cedo eles aprendam a defender seus direitos". A luta precisa ser praticada e ensinada também. A educação que quero dar para eles passa por essa resistência, porque não posso isolá-los dentro de casa ou da aldeia, e não mostrar para eles que existe um mundo lá fora, um mundo real, onde a gente precisa estar junto para sobreviver. Desde muito novos, eles estiveram presentes nesses momentos bons e ruins. Sempre protegidos espiritualmente e pela orientação dos mais velhos. Para tudo o que fazemos, nós pedimos proteção. É o que nos move, nos direciona. Durante todo esse tempo estivemos juntos.

Em 2016, fui escolhida como representante do estado de São Paulo da Comissão Guarani Yvyrupa, que é uma grande assembleia que reúne os povos guarani do Sul e Sudeste do Brasil. Mas o povo Guarani também está presente no Paraguai, na Argentina, no Uruguai e na Bolívia. Aqui no Brasil, há povos guarani em nove estados. É uma grande assembleia que reúne muitos povos. De 2016 a 2019, fui a representante do estado de São Paulo, e foi uma época muito intensa também, de muito ativismo, muita luta, muita reflexão sobre política, de estar presente em Brasília. E foi isso que me fez dar um passo para trás. Logo que me tornei representante da comissão, também me candidatei a codeputada federal pelo mandato Cidadanista. Mesmo que não tenhamos atingido os votos necessários, foi um momento de muito aprendizado para mim, de estar junto com colegas e acompanhar a possibilidade de uma política transformadora.

Os mandatos coletivos no Brasil eram e ainda são uma novidade. O primeiro mandato coletivo eleito por aqui foi na Chapada dos Veadeiros, Goiás. Depois começaram a pipocar alguns outros no Rio de Janeiro e em São Paulo. É uma nova forma de ver a política, em que eu acredito muito mais, por ser coletiva. Quando topei fazer parte desse desafio foi no sentido de pensar uma outra forma de conceber a política.

Tanto na lida do dia a dia quanto nessa realidade de atuação política, sempre tive a convicção de que caminhar com os meus filhos me daria força — sempre os mantenho por perto.

Agora, estou mais concentrada em ações locais e cotidianas, embora a luta continue. Mesmo dentro da comunidade, a gente tem muitos desafios, seja com a gestão da educação escolar, seja com a gestão da saúde indígena, ou mesmo no diálogo com as próprias lideranças internas. Estamos o tempo todo dialogando com a política que rege a nossa vida. Tenho tido tempo para ouvir e contar histórias, tempo de cuidar mais das minhas plantas e de caminhar pelo território com minha família.

Tem uma história de que gosto muito, que a minha sogra, Doralice, já falecida, me contou. *Ka'a*, em guarani, significa erva-mate, e *takua*, taquara, quando traduzidos para o português. Mas, na mitologia indígena, Ka'a e Takua eram duas lindas filhas de Nhanderu, nosso pai criador de todas as coisas na concepção de mundo guarani mbya. Ka'a e Takua eram moças que sempre estavam juntas e ativas, ajudando a comunidade delas em tudo o que fosse possível. Em determinado momento, Nhanderu transformou as duas belas moças em dois seres sagrados da floresta. Takua virou a taquara que hoje é usada para fazer cestos e balaios, e Ka'a virou a erva-mate, que hoje muita gente, principalmente no Sul, toma dentro de uma cuia e chama de chimarrão. O que pouca gente sabe é que a erva-mate é essa planta de poder que chamamos *ka'a*, um ser superimportante na espiritualidade guarani. Tanto a Ka'a como a Takua têm uma força feminina muito grande. Não são apenas medicinais: elas atuam na vida, na arte, na confecção de utensílios necessários para a vida da mulher, utensílios que têm essa representatividade. Acho muito forte essa visão, a história desses dois seres, Ka'a e Takua. Elas vieram aqui para a Terra para nos dar força, para nos acompanhar, e sempre que ocorre a mudança do tempo, do *ara pyau* (tempo novo) para *ara ymã* (tempo velho), que são os dois tempos na cosmovisão guarani, fazemos a cerimônia do batismo da erva-mate, usando a taquara para bater no chão.

O batismo da erva-mate é uma cerimônia muito importante em que se colhe e se prepara a erva para que todos na aldeia possam beber e se fortalecer. A erva-mate tem várias vitaminas, é uma planta muito forte pra gente. Essa história me toca muito, a desses seres espirituais que tinham forma de mulher e se transformaram em seres vegetais para vir aqui na Terra nos fortalecer. Sempre falo para as minhas alunas, quando dou aula de filosofia, sobre a importância de conhecermos esses seres, as cerimônias, de respeitarmos os seres vegetais. Porque cada um deles, não só Ka'a e Takua, mas todos os viventes na floresta são seres criativos e com uma espiritualidade muito forte.

Outra coisa que aprendi com a minha sogra e com a erva-mate é que é possível pedir para parar a chuva quando precisamos. Também podemos pedir para chover. A natureza responde aos nossos chamados. Existe uma relação muito forte dessa planta, *ka'a*, com as mulheres de modo geral, mas também com o tempo. Ao conhecer essas histórias ancestrais, ao aprender a fazer um cesto de taquara, ou a preparar a erva-mate, você está se ligando ao conhecimento da mulher guarani. A mulher conversa com a erva, que conversa com as nuvens e os trovões, e o tempo se transforma.

As mulheres aqui na aldeia, desde meninas, na altura de virar moça, já são estimuladas a desenvolver sua criatividade e a descobrir o seu dom. Cada mulher tem o seu, ou um conjunto de pequenos dons e atividades de sua preferência. Uma vai ser melhor para cozinhar, outra vai ser boa para tecer, algumas vão ser boas para fazer cestaria, outras vão gostar mais de plantar, e ainda existem as que são boas para fazer remédio. Então, não é todo mundo que faz tudo. Existe um respeito pela própria criatividade, pelas habilidades que cada uma tem ou prefere desenvolver.

O que cada mulher tem como propósito na comunidade também está muito relacionado com o nome de cada pessoa. O nosso nome de origem traz um direcionamento. Quando a gente é enviada aqui pra Terra, a gente é trazida com uma missão, então cada pessoa tem a sua. Os líderes espirituais conseguem enxergar essa missão logo que a gente nasce, nos primeiros anos. Só que, ao longo da vida, a gente vai se esquecendo dessa missão. Redescobrir a missão e colocar ela em prática é uma coisa muito relacionada com a arte da vida. Cada um de nós desenvolve sua maneira de contribuir para que a vida seja melhor. Cada uma de nós precisa encontrar sua forma de contribuir para que esse dom que nos foi dado seja realizado de forma efetiva.

Existem muitos dizeres e saberes tradicionais que são do mundo artístico, desde saber fazer um parto até saber fazer uma pintura ou um cesto. A vida é arte pura! Venho refletindo muito sobre essa potencialidade da arte entre os povos indígenas, que é muito diferente da visão de arte lá fora. A visão que o branco ocidental tem da arte é muito restrita e modelada. A arte para os povos indígenas é um conceito mais amplo. Vários saberes e fazeres nossos são praticados através da arte, porque para uma parteira fazer um parto ela vai ter que confeccionar a faquinha de bambu para cortar o cordão umbilical. Vai ter que saber qual planta usar para massagear a mulher ou o bebê. Existe todo um processo de realização daquele ato em si que é artístico, manual e único. Não é qualquer pessoa que faz aquilo, que tem o dom de fazer um parto de forma primorosa, delicada e atenta. Admiro muito esse modo de vida indígena, que pode ser um pouco diferente em cada etnia, mas que é parecido na essência, na resistência, no habitar a Terra de uma forma profunda e respeitosa, sorrindo e cantando a cada novo amanhecer. Acreditando nessa arte, a gente sente que vai continuar existindo.

A poesia eu vejo como uma expressão que vem do coração e do pensamento, uma forma de a gente se comunicar. Há momentos em que me vem um fluxo poético forte, relacionado a coisas do dia a dia. Creio que esse desabrochar poético é uma prática que a gente vai aos poucos desenvolvendo a partir do momento em que nos permitimos silenciar, prestar atenção nas pequenas coisas e perceber a grande beleza que é a vida. Acredito que tudo o que faz parte da natureza, tudo o que nos rodeia, é divino. Para mim, a poesia surge da observação da natureza e do silêncio.

Existe uma palavra que me toca, e acho muito profunda na língua guarani mbya, que é a palavra *arandu*. Muita gente traduz como "sabedoria", mas na verdade *arandu* significa "alcançar o entendimento da própria sombra". E sentir a própria sombra gera uma delicadeza, um estado de espírito equilibrado, um conhecimento de si.

A humanidade está passando por um momento de descompasso, de repensar seu comportamento diante da dinâmica da vida. Estamos sendo todos obrigados a silenciar e redirecionar o nosso caminhar. Essa pandemia, que atingiu todo o nosso planeta, nos colocou o desafio de enxergar a forma desordenada como estamos nos relacionando com tudo. Sabemos que somos humanos e que somos imperfeitos, mas cada um à sua maneira pode aperfeiçoar o modo de ser e estar no território.

Há mais de cinco séculos os povos indígenas vêm resistindo a muitas violências e agressões que o mundo machista e colonialista nos impõe ao tentar nos uniformizar. Então, quando começou a pandemia, percebi muitos humanos não indígenas apavorados, com medo do que poderia ser tudo isso. Mas, para nós, o isolamento e o silenciamento não são novidades, ainda que tenham nos trazido muitos questionamentos. Estamos sempre presos dentro do nosso território. Nossos corpos estão vivendo em outra dinâmica que não é a do trabalho, das festas, do turismo, do movimento competitivo entre seres humanos. A nossa grande morada é a floresta, composta pelas cachoeiras, pelas montanhas, pelo *tekoa* onde vivemos, brincamos, criamos, onde convivemos de uma forma coletiva e verdadeira.

Ainda assim, percebo que a forma como a humanidade se coloca no mundo está sendo chamada a se transformar. É um momento muito desafiador para todos nós, independentemente de nossas posições políticas, de nossas origens, das nossas filosofias e epistemologias — que é o compromisso ético com a vida. Precisamos conseguir equilibrar o sopro de amor que sai das nossas palavras com o compasso do nosso caminhar. Esse é um grande desafio: como avançar com coerência e serenidade, sem sermos constantemente contraditórios nas nossas ações. Há muito tempo esse desafio vem sendo colocado, e ainda tem muita gente que não está enxergando, não está fazendo as devidas mudanças: na relação entre pais e filhos, no respeito de quem veio depois com quem veio antes, dos seres humanos com os não humanos.

A humanidade se escorou em uma razão que não coloca os outros seres no diálogo. Os humanos destruíram o equilíbrio da natureza e não perceberam que as formigas, as abelhas, as montanhas, os rios, os seres minerais, vegetais, visíveis e invisíveis, eles também possuem coletividade e uma dinâmica de vida que pulsa dentro desse território. Insistimos em querer ser maiores, nos achamos melhores, mais inteligentes, donos do mundo. E assim causamos todo um desequilíbrio. Em nome de que essa razão se sustenta? Há quantos séculos a gente só vê destruição?

Para mim, toda essa questão de desequilíbrio e descompasso está ligada à maneira como os saberes são transmitidos. A escola, enquanto instituição, se colocou de uma forma muito regrada na vida das crianças e jovens. E então, quando as escolas estiveram fechadas, os pais se perguntaram: como vou dar conta? Como conviver com meus próprios filhos? Como serei capaz de transmitir os conhecimentos necessários para eles estarem no mundo? Vejo que precisamos transformar os processos educativos. O futuro passa pelos processos educativos. A escola enquanto instituição falhou no projeto de construir um mundo melhor, onde todos se respeitam e se aceitam da forma como são.

Precisamos repensar qual o papel, qual a função das escolas na nossa sociedade, na vida das crianças e dos jovens em formação. A vida é regida por um tempo. O tempo em que se dorme, o tempo em que se produzem coisas, o tempo para sonhar. Será que as escolas estão respeitando esse tempo das crianças e dos adolescentes?

Com toda a humanidade concentrada em suas casas, cada um vivendo a sua realidade, pudemos perceber que algumas realidades são mais fechadas do que outras. Muita gente está vivendo em apartamentos, e nós continuamos a viver na floresta. O isolamento se dá dentro do nosso território, circular, compartilhado. E por essa razão é tão sensível. Fica muito claro para nós que o modo de viver não indígena é muito individualista. Os apartamentos são cada vez menores, esses espaços de viver um em cima do outro ficaram apertados.

A relação entre natureza e cultura há muitos e muitos anos foi rompida. Foi-se encaixotando cada conhecimento numa categoria, sendo que todos esses pontos estão relacionados com a grande teia da vida. Está tudo conectado. Nenhum humano consegue viver e sobreviver se não houver água ou ar puro. Como fragmentar essa relação, se a natureza é a base da nossa existência e permeia tudo?

A gente sabe que o capitalismo, em muitos lugares do mundo, não só na América, também na África, se impôs de forma tão avassaladora que modificou todos os aspectos que regem a vida e, em especial, os processos de transmissão de conhecimento. Há toda uma monocultura que rege nossa alimentação, nossas epistemologias, nossos processos de cura e doença. Tudo isso precisa ser repensado. Porque nós não somos nada, somos muito pequenos dentro desta grande teia que nos relaciona a tudo o que existe.

Por que não conseguimos respeitar a diversidade que habita a nossa humanidade? E, se hoje percebemos que a humanidade falhou em seu grande projeto, como vamos reconstruir, criar uma nova?

Algumas pessoas são mais esperançosas, outras menos, mas todos pensamos nisso. Falamos da possibilidade do fim do mundo, do fim para esta humanidade de seres pensantes que se julgam melhores que os outros seres, enquanto mal conseguem dialogar com eles. Os animais, as pedras, os vegetais são todos seres muito inteligentes. E embora estejamos divididos em classes, etnias, cor de pele, somos todos humanos, estamos todos neste mesmo barco, nesta casa-território que compartilhamos, cheios de expectativas e querências a cada dia.

Precisamos enxergar de forma clara e plena qual é a missão de cada um de nós e de todos nós juntos. Para que fomos trazidos para a Terra? Isso é importante.

Há muitos interesses políticos e econômicos por trás dos desequilíbrios do planeta, mas cada uma de nós, com suas especificidades culturais e espirituais, é capaz de romper essas barreiras. Precisamos conseguir enxergar a grande coletividade que deveria habitar a Terra.

Sonhar mais talvez seja um dos caminhos. Mas também percebo que a humanidade está desatenta, perdida em meio a tantos ruídos, sem conseguir perceber os sinais, sem se lembrar dos seus sonhos — ou se esquecendo deles. Essa desatenção talvez seja a grande causa de todos os ruídos que surgem na mente, no corpo e no espírito. O cuidado com cada pedacinho nosso é um compromisso com nós mesmos. Há uma necessidade de transformarmos de verdade nossa relação com a missão que rege nossa vida. O que eu vim fazer aqui? Muitas pessoas esquecem ou talvez nunca pensem nisso.

Acredito que a arte tem um poder muito grande de sensibilizar as pessoas, ativar essa memória ancestral. A arte cura, assim como a floresta cura. Mas, se não cuidarmos desta casa-floresta, como vamos conseguir nos curar? A mercantilização do sagrado, a normatização da mineração, do agronegócio e de todos esses outros processos de ruptura e desrespeito com os seres da floresta se colocou de forma tão violenta que poucas pessoas percebem. As pessoas não se dão conta. Até quando vamos sustentar tanta contradição? Tanta autodestruição?

A floresta pulsa, e os espíritos estão a nos observar. Os espíritos da floresta estão bravos com os humanos, com todos nós, porque estamos ferindo a morada deles, os rios, os vales, os mangues, as montanhas, os oceanos, todos os lugares. Nosso compromisso é repensar tudo isso, cada um na sua vida. Precisamos mexer com a base do nosso pensamento, das nossas relações. Isso pode ser doído, mas é necessário. Precisamos nos abrir para esse novo caminho. É preciso ter coragem para enxergar através dos próprios erros e sair dessa grande trama de contradições. Levantar a bandeira contra o agronegócio não vai adiantar se você continuar a consumir a carne de boi que vem das grandes empresas que mutilam o território.

A palavra tem poder, e cada passo que damos no dia a dia reflete quem somos. Precisamos equilibrar o que pensamos, o que sonhamos, o que queremos e o que falamos com o compasso do nosso coração e a direção a que nossos pés nos levam.

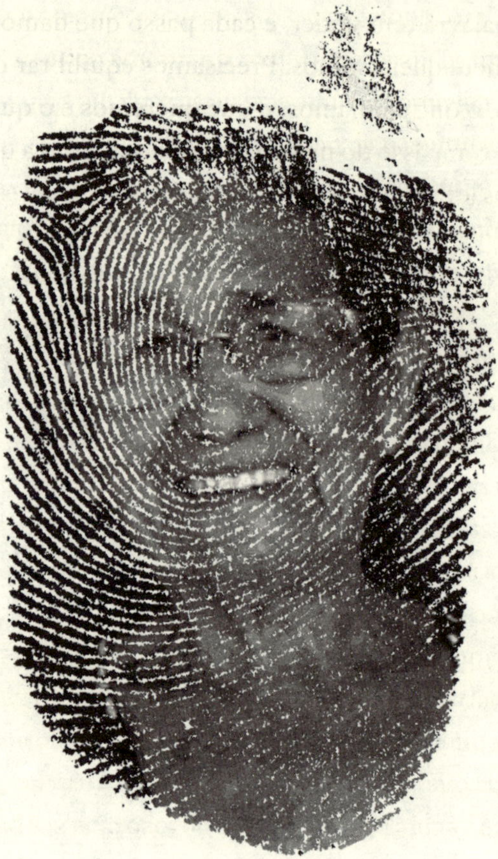

ZOLEIDE FARIAS

Indígena da etnia Borari, nasceu na comunidade de Maraí, região do Tapajós, no Pará. Vive e trabalha em Alter do Chão (PA) como parteira, massagista e rezadeira. Sua especialidade é colocar a "mãe do corpo" no lugar. Todo ano, participa da festa do Sairé.

2

O CARIMBÓ PARAENSE, A FESTA DO SAIRÉ E AS MANOBRAS PARA COLOCAR A "MÃE DO CORPO" NO LUGAR

Eu me chamo Zoleide Farias, nasci na comunidade de Maraí, região do Tapajós. Saí de lá em 2006 porque meu filho queria estudar e lá não tinha estudo para ele. Então ele foi para Alter do Chão, comprou um terreno e nos chamou. Falei que não aceitava porque era catequista na igreja de onde eu morava, mas acabei vindo embora. Construímos e fomos vivendo por aqui. Aí Deus precisou do velho e levou ele embora. Meu marido foi, e eu fiquei. Graças a Deus eu estou por aqui ainda, contando história.

A etnia da minha avó é Borari, do meu pai velho também. Todos os dois. A maioria das pessoas aqui é. Nós vivemos em comunidade, mas não somos mais uma aldeia. Para você ter ideia, a santa padroeira daqui é a Nossa Senhora de Fátima. A gente vive uma mistura de tradições. Uma época tentei fazer minha inscrição na Funai, para validarem que a gente era indígena. A Dona Neca e a Dona Ana diziam pra gente regularizar a terra também, e parece que o povo tá se organizando para isso, mas aqui tudo é terra indígena. Não entendo muito bem essa coisa dos papéis servirem mais que a palavra para comprovar as coisas, não tenho muita paciência para essas chatices.

Femismo, feminismo... Taí outra coisa que eu não sei o que é. (Mas machista eu já ouvi falar, dessa coisa o mundo está cheio.) Deve ser as mulheres querendo governar o homem. Ela diz assim, eu quero ir numa parte. E o marido sempre diz, eu não quero. Nessas horas, ela tem que dar um jeito de ir, não pode fazer só o que ele quer.

Eu e meu velho, a gente se dava muito bem, fazia casal até nas danças da festa do Sairé, uma coisa que acontece todo ano aqui em Alter do Chão. O Sairé é uma festa popular folclórica de origem tupi, uma mistura de um monte de coisa, da benzeção à profanação. Começa com uma exaltação do Espírito Santo, a gente reza a ladainha a noite toda, cinco noites seguidas. Depois da ladainha terminada, têm as danças. Começa com a dança dos idosos, vai para os jovens e por último é que o boto entra para dançar. No fim, os botos tomam conta. Tem o boto cor de rosa e o tucuxi, que é cinza. De primeiro eu não sei muito dizer como era, mas hoje em dia juntam as rezas com a dança. A reza desaba pra perdição. A gente dança carimbó, dança também o lundum, de origem africana, e ainda tem a desfeiteira, de origem portuguesa, uma coreografia em que se paga prenda e também se joga verso. No meio da dança, a gente diz um verso para atingir outra pessoa. Aí o parceiro rebate de novo. Nos últimos anos não teve por causa da pandemia, mas é uma festa de homem e de bicho, do espírito e da carne.

Sou católica, mas tenho as minhas crenças de curar. Como parteira, uso o dom que Deus me deu, que trouxe da minha mãe e da minha avó. Também tento aprender e compartilhar com as mulheres mais jovens, fiz alguns cursos e participei de encontros na [maternidade] Sagrada Família. Quando Deus não dá o dom pronto, você pode aprender, ir atrás... no meu caso, foi uma mistura das duas coisas. Comecei a pegar criança com vinte anos. Trabalhava como professora no Jutuarana, município de Aveiro. Estava morando com meus pais, casada e com filhos. A gente morava tudo meio junto.

Nessa época, teve um momento em que minha mãe estava com dor e eu estava buchuda também, era bonito, mãe e filha buchudas. Aí, a minha filha doeu muito pra nascer, com oito meses, e nasceu, só que não sobreviveu. Porque criança com oito meses era difícil de se criar. Hoje em dia, eu fico danada, porque criança de oito meses se cria.

Tive minha primeira filha de sete meses. É mais fácil vingar criança que nasce de sete meses do que de oito. Era uma bonequinha ela, mas não mamava. Fiquei sem leite no começo, mas, depois que curei o peito, tirava com cuidado e metia o leite com uma colherinha na boca dela. Ela nasceu dia 22 de junho, e eu tinha certeza que era para nascer em 22 de agosto. Então ela vingou em junho, e levou julho, agosto... só depois que completou dois meses fora de mim que a danada deu um grito lá pra dentro. Eu me espantei! Gritei pra minha avó, que morava perto, pra vir ver o que ela tinha, e eu estava até tratando de peixe na hora, cozinhando. O que será que aconteceu com a menina? Ela disse: "Não sei, não". Aí ela foi olhar e falou: "Agora que chegou o dia de ela nascer. Completou os nove meses". O choro marcou a hora em que era para ela nascer, antes disso ela não chorava nem mamava. Então fui lá dar o peito, e ela pegou de pronto.

Hoje em dia ela está lá pra Manaus, já faz 62 anos que ela nasceu. Já tenho 78, me casei com dezesseis. Eu queria namorar e minha mãe não deixava. Naquele tempo, precisava casar para poder namorar, então, o primeiro namorado que arrumei, com ele mesmo eu me casei. E o velho só me deixou porque morreu. Vai fazer cinco anos que ele se foi. Nós ficamos a vida toda juntos, foi um bocado de tempo.

Outro dia eu estava tentando fazer as contas, já assisti mais de 531 crianças a nascer. Eu fazia parto na comunidade onde morava, de lá eu ia pro Tauarí, Marituba, Nazaré. Então peguei muita gente da região, indo na casa das pessoas. Quando começava a doer, iam me buscar. Eu fazia parto muito perigoso. Minha cunhada foi um deles: meu mano chegou lá em casa um dia para me buscar e, quando eu cheguei na casa deles, ela estava aperreada em cima da cama, tinha um senhor querendo pegar a criança, meio sem jeito, mas a bichinha não estava direita. Eles falaram que a criança estava de bruços. Falei: "Deixa eu ver!". Aí fui tentar endireitar. "Não, senhor", eu disse. "A cabeça tá pra cima e o pé tá pra baixo. Vai nascer de pé." Chamei o Dorivaldo — tadinho, ele morreu de covid —, "vai lá dizer pra sua sogra que nós vamos pegar com Deus que o parto dela é perigoso, mas bora ver, Deus vai nos ajudar".

Quando andava por aí fazendo parto, eu me pegava muito com Santa Rosa de Lima e São Raimundo Nonato, que são os parteiros, né? Quando eu pedia pra eles, podia contar. Então, fiz uma oração lá pra ela, chamei meu mano, e mandei ela levantar. No que ela levantou, a bolsa arrebentou. Aí, ela deitou de novo para ter, e logo nasceu um pezinho. "Pelo amor de Deus", dizia a outra parteira, a comadre Conceição. Eu chamava ela pra ver, e ela falava: "Não vou, não, que não tenho coragem". Aí recolhi o pezinho que tinha nascido de volta pra dentro, e puxei a barriga dela pra cima. E lá vem de novo o pezinho! Então fui amassando a barriga dela, pedindo ajuda, aí quando ajudou, varou os dois, e eu só fiz pegar os pezinhos. Mas quando segurei, puxou pra dentro. Porque a criança que está de pé faz força pra cima, por isso é tão difícil. Eu segui amassando e nasceu, mas não chorou. Eu só fiz suspender ele, porque era homem. Comecei a balançar, dei-lhe uma palmada na bunda, aí ele deu um grito. Pronto! Agora fica aqui que eu vou cuidar da tua mãe. Dei um jeito nela, e a placenta nasceu. Então ajudei ela a tirar a placenta, cortei o umbigo da criança e deixei uma na cama e o outro na rede. O bichinho nasceu igual quando a gente põe uma panela no fogo e ela fica preta, cor de fumaça; estava roxo, passando da hora de nascer.

Fiz muitos partos, graças a Deus, mas teve um que foi o mais perigoso, da tia Lucenilda. Não deu jeito não, ela morreu. Morreram todas as duas, ela e a criança. Depois do acontecido, soubemos que tinham feito pra ela. Na hora de ter a criança, viraram a criança, e como viraram, ela ficou atravessada. Levamos até pra Santarém, mas quando chegou lá tiraram ela morta já, não teve mais jeito. Fizeram pra ela, alguém que tinha inveja. Macumba que chama, mas eu digo logo que é feitiço.

Minha mãe era uma índia, daquela pura, falava tudo errado. Na verdade, ela falava do jeito dela. E tudo o que era coisa ela falava. Depois que comecei a estudar, fiquei com vergonha de falar, porque eu fui entendendo. Mas a mamãe falava "crinhança", ela não falava "criança". E, na verdade, ela não era minha mãe biológica, era minha avó. Foi ela que me criou. Quando eu tinha seis meses, ela me pegou da minha mãe. Eu só fazia engatinhar. E a mesma coisa fiz com meus netos. Tive quinze filhos e, além deles, ainda criei oito netos.

Um neto desses, peguei com oito meses, mas desde os dois meses eu já cuidava, porque o umbigo dele era muito grande, tufava, e ele se espremia de dor, tadinho. Por um triz que o umbigo dele não expurgou. Essa filha morava em Santarém, estudava, então levou o bebê pra eu curar. Fui ficando com ele, não entreguei mais pra ela, não. Ela dizia: "Mamãe, então agora ele vai ser seu filho". "Graças a Deus", falei, "eu quero! Porque já peguei amor nele." É o Lucas, ele trabalha lá pra Trombetas, mas chega amanhã aqui pra me ver. Vai passar três dias comigo e depois vai embora de novo. Aqui vem neto, vai neto, vem filho, vai filho. Os meus e os das mulheres que eu cuido. Tenho amor em cuidar de criança e de mulher, não só das que estão grávidas: das que já tiveram filhos também.

Ainda agora me ligaram pra trazer a filha que está com febre, pena que não tenho crédito pra ligar de volta. Mas todo mundo acaba achando o caminho. Vou amassando a criança e procuro onde que está dimitido, se é no pescoço, se é nas costas. É a cura com a mão, vou procurando e vou desfazendo. As doenças eu chamo de desmitidura. Minha neta sofre de dor de costas porque leva mochila pesada cheia de livros pra escola. Dia desses ela chegou e disse:

"Vovó, quero que a senhora me puxe".

Mandei ela deitar na cama e puxei.

"Vovó, me diz uma coisa, como que a gente encontra dismitidura, quando tá dimitido?"

"Minha filha, o ossinho fica mais afastado, passando a mão você sente."

"Vó, pelo amor de Deus, é por isso que a criança não aguenta de dor?", disse, chorando.

"Isso, minha filha, já já você tá levinha."

O que eu sei não veio de livros. Os doutor não acreditam que as mulheres têm "mãe do corpo". Eu digo: "Home, tem!". E eles respondem: "Se a mulher tem 'mãe do corpo', o homem deve ter 'pai do corpo'". Eu digo, não. Só existe "mãe do corpo" mesmo, não tem "pai do corpo" nenhum. Outro dia, num encontro de parteiras, eu falei bem alto: "Quem concorda comigo que 'mãe do corpo' existe?". Toda a mulherada fez que sim, suspendeu a mão, o doutor e a mulher dele ficaram lá embaixo, de cara no chão. Nem lembro o nome dela, uma branquinha pequena. Tinha mais uns quatro médicos também. Pois é! A "mãe do corpo", quando abrenha no espinhaço, a mulher pode até morrer, porque magrece. Se não tratar logo, morre mesmo. Quando a "mãe do corpo" não está no lugar, começa a bater pra cá, bater pra lá, vem até o pescoço. Mas só tem "mãe do corpo" a mulher que teve filho; na que não teve, a "mãe do corpo" não tá reinada, fica dormente. Por isso eu só puxo e amasso a mulher que já pariu, mas desaprumou.

Uma vez uma senhora veio trazer a filha dela lá de Santarém. Alguém contou pra ela que eu sabia puxar a "mãe do corpo" pro lugar, que eu sabia endireitar. Quando chegou na praça do Sairé, ela falou pra mim: "Eu vim atrás de Dona Zoleide". E eu respondi: "Você tá falando com ela". Ela perguntou onde era minha casa. Expliquei. Aí ela chegou cá no sítio, junto com o marido, e eu deixei eles entrarem. A mulherzinha veio segura na mão deles, pai e mãe. Meu Deus do céu, estava fininha! Era uma policial, mas tão magrinha... Estava com cinco meses que não trabalhava, sem força. E não queria comer nem beber. Deus do céu, bora puxar, bora ver como que tá! O bicho tava feio. Pelejei muito pra colocar a "mãe do corpo" dela no lugar. Pelejei demais!

A "mãe do corpo" da gente tem que ficar no umbigo. Então vou puxando com a mão bem leve, vou amassando e puxando. Depois meto a mão de novo em outra direção, para suspender e poder colocar no lugar. Eu pego daqui e dali. A barriga começa a se mexer. Meto a mão e enrolo, e ela vai descendo, vai chegando. Às vezes demora para entrar no lugar. Tem vez que sobe até a goela! Um tempo depois, chegou uma outra mulher aqui, pelejando. Procurei a "mãe do corpo" dela e não tinha. Não encontrava de jeito nenhum, tava lá pra cima, na goela. Quase saindo pela boca.

A policial foi embora boa daqui de casa, mas nós ficamos observando como ela ia passar. Depois me contaram que chegou em casa e já quis comer. Deu vontade! A menina ficou boa. Quando completou um mês, já estava mais gorda, engordou, ficou fortinha de novo. Eles nem vieram mais porque ela já estava curada. Meu marido que falava, quando chegava alguma mulher muito prostrada aqui em casa: "Deixa minha velha chegar que, passando a mão dela, tudo passa, a mão dela é poderosa, é mão abençoada. Pode chegar criança com febre, aperreada, ela passou a mão, a pessoa fica boazinha!". Mas a policial não teve muita sorte: completou um ano inteiro em que ficou boa, mas foi para o quartel de moto um dia e teve um acidente; não se livrou, morreu. Mas foi embora com a "mãe do corpo" no lugar. Coitada! Uma caminhonete trepou em cima da moto dela.

Depois de ter filho, muitas vezes a mulher fica muito agitada, depressiva e desesperada, se perde do centro do corpo. Aqui na região, a mulher às vezes tem filho muito nova, cunhantãzinha de dez, doze anos já tá tendo filho. Um dia, uma mãe veio trazer a menina pra eu ver, dizendo que ela estava muito doente. Tinha dez anos a menina. E a mãe dizia: "Dona Zoleide, vim trazer minha filha pra você ver o que é que ela tem. Será que é a 'mãe do corpo' que atacou nela? Ou é negócio de doença? Ela come um pouquinho e já provoca. Provoca demais!". Eu me admiro ela ser mãe e não cismar na filha. Eu cismei logo de cara. Levei lá pra dentro e logo percebi, a criança já estava com três meses. Eu disse:

"Dona Maria, venha cá. Entra aqui comigo. Essa menina já menstrua?"

"Sim, já menstruou umas três vezes. A quarta não sei."

"Mas a senhora não é mãe? Como que não reparou?"

"Reparou o quê? Qual é a doença dela?"

"É filho. Ela tá é grávida!"

"Ai, meu Deus do céu! Vizinha, não me diga isso!"

"Olha, não posso esconder uma coisa que cedo ou tarde vai aparecer."

E ela ficou desesperada. Chamou o marido. Não quis nem pegar na barriga da filha. Ficou espantada! O marido viu o desespero da mulher e disse: "O que tá pegando? A menina tá que tudo provoca. Comprei até peixe pra ela comer, e ela nem quis". Contei sem muito rodeio que ela estava grávida. Disse para não ficar bravo com ela, para conversar, perguntar quem é o pai. E a menina ficou calada. "Vocês precisam conversar na casa de vocês", eu disse. Hoje em dia, pai não pode maltratar filho, bater em filho, Deus o livre! E acabou que ele quis me dar uma gratificação. Eu devolvi, né? Falei que podia ficar com o dinheiro. Gravidez, afinal, não é doença. Mas a mãe foi embora se acabando no choro. E a menina, ao ver a mãe chorando, se abriu no choro também. Eu disse: "Não chora, que depois do caldo derramado ninguém pode ajuntar". Era assim que a minha mãe falava. Depois ainda vão falar que foi o boto.

Rapaz, antigamente a gente via, mas não era o boto do Sairé de mentira não, era boto mesmo, que existia. Saía, dançava, ia na festa. O homem mais cheiroso diziam que era o boto. A minha mãe contava que ele saía da água, se vestia e ia pra festa. Deixava a capa amarrada num pau. Aí, parece que gostou de uma mulher, e ela gostou dele também. Um dia, o irmão dela disse assim: "Hoje eu vou descobrir quem é esse homem". Quando foi de noite, ele se escondeu e ficou esperando. Não demorou, veio o boto bufando de dentro d'água. E as pessoas comentavam, que que esse boto está fazendo aqui no igarapé? Então o boto saiu, entrou atrás de um pau, tirou a capa e se vestiu. Ele sempre se vestia todo de branco, chapéu branco também. Passou o melhor perfume que tinha. Foi a primeira festa, foi a segunda, foi a terceira. "Hoje vou descobrir quem é esse boto", o irmão da mulher dizia. Mas ela só queria saber de arrumar namorado bonito e cheiroso. Tava hipnotizada, encantada mesmo. Na terceira festa, o irmão saiu e achou a capa do boto pendurada, levou pra casa, voltou pra festa e ficou só observando: já sabia que ele era boto. "Só quero ver como ele vai fazer", ficou pensando. E o homem-boto sempre se mandava meio cedo, dizendo que já ia porque morava longe. Aí diz que a namorada quis ir com ele, mas ele fazia que não, porque morava longe. Quando chegou perto do igarapé e não achou a capa, o bicho ficou doido! Voltou pra festa, e o irmão desvendou ele na frente de todo mundo. Não existia homem daquele tipo. "É tu que se engera, que vira homem! Tu é um boto!" O irmão já tava bebido, seguiu desmascarando o boto, que tentava desmentir: "Não tá me vendo, eu sou homem". Acabou que não conseguiu reaver a capa. Teve que virar homem mesmo e casar com a irmã.

ADRIELE VERGÍLIO

Artista plástica, estudante de direito e mãe. Mora na cidade de Bodoquena (MS), de onde parte com frequência para visitar seus parentes na Aldeia Alves de Barros. Com orgulho, mantém o contato com a língua materna e as sabedorias de suas antepassadas. Cria obras em tela dialogando com a arte da pintura kadiwéu que lhe foi ensinada. Antes, se dedicava a suportes como a cerâmica, o couro e o próprio corpo.

3

A ENTRADA DA IGREJA EVANGÉLICA NA ALDEIA, O RITUAL DA MOÇA E A MATERNIDADE KADIWÉU

Meu nome é Adriele, tenho 23 anos e sou falante de kadiwéu, minha língua materna, com muito orgulho. Era um sonho meu fazer faculdade e fiquei em dúvida entre direito e artes plásticas, mas acabei escolhendo direito, para lutar pelo meu povo. Com a pandemia, tive dificuldade de continuar a estudar, porque a gente vivia da nossa arte, com a venda da cerâmica da minha mãe e das minhas telas, mas revender nossas coisas na cidade ficou impossível, e fiquei muito apertada. Mesmo tendo uma bolsa integral, eu tenho uma filha, pago aluguel para poder estar na cidade, e existe a questão da comida, que fica mais cara a cada dia. Fui obrigada a trancar, mas se Deus quiser um dia ainda vou poder voltar.

Minha opção de fazer faculdade de direito tem muito a ver com o que aconteceu com o meu irmão. A gente sempre morou entre Campo Grande e a aldeia. Ele foi embora bem jovem para estudar em Campo Grande, começou a trabalhar por lá e, certa vez, foi de férias para a aldeia. Ele sempre teve muitos amigos, a gente na verdade nunca esperou que isso pudesse acontecer com ele. Era amigo de todo mundo, brincalhão, simpático. Estava acontecendo um culto na igreja, uma festa, e meu irmão foi pra lá. Assim que o culto terminou, minha família inteira foi para casa, mas ele seguiu por lá, se divertindo. O único lugar de lazer e encontro da aldeia era o barracão, onde os jovens se reuniam, muitas vezes para tomar bebidas alcoólicas. Se meu irmão não tivesse ficado por lá, talvez não tivesse levado o tiro. Até hoje a gente não sabe qual foi o motivo, o porquê de ele ter sido assassinado daquela forma. Minha mãe ouviu, é muito difícil falar sobre isso, mas ela lembra. Já se passaram seis anos, é uma ruptura muito grande. É como se uma parte da nossa família fosse tirada, sabe? Até hoje, meu irmão é sempre lembrado, porque você nunca espera que um irmão saudável, trabalhador e simpático, de férias, vai ser morto. Foi de uma hora para outra que fizeram isso com ele. Quando minha mãe ouviu o barulho dos tiros, porque a escola não é tão longe, ela já teve um pressentimento ruim e correu até o local. Conseguiu saber quais foram as três pessoas que atiraram. E olha, era gente da aldeia, indígena também. Um deles já era até avô, não era nem jovem e se dizia pastor de igreja. Na mesma noite, as pessoas da comunidade deram um jeito de expulsar essa família, ou talvez eles tenham fugido. Alguns foram presos até, mas não demorou muito e saíram, nós ficamos sabendo. Fico bastante indignada com a injustiça, sinto muita raiva também.

Toda vez que me lembro do meu irmão eu choro, mas agora é até um choro gostoso, porque tenho boas lembranças da gente. Eu tatuei as iniciais dele em mim, para prestar minha homenagem. Ele se chamava Everton. Um pouco antes de falecer, ele tinha feito uma tatuagem com as próprias iniciais no mesmo lugar. Falei, brincando: "Se você pagar, eu tatuo suas iniciais também". Seria uma homenagem, mas não esperava que fosse dessa forma. O sonho dele era ser engenheiro. Eu sempre quis fazer justiça, lutar pelos direitos da minha gente, queria que as pessoas que assassinaram meu irmão pudessem pagar pelo que fizeram. Me formar em direito vai me ajudar a seguir com as nossas lutas para existir em paz.

O álcool ainda é uma questão aqui na aldeia. Os jovens de hoje em dia são bem diferentes da época em que eu era adolescente. Vejo que está mudando bastante. Lá na aldeia é uma coisa triste, as pessoas não estão aproveitando a juventude, acabam se machucando, se afastando das origens, se perdendo mesmo nessa coisa de fugir dos problemas, sair da realidade que é tão difícil pra gente. Se divertir é ótimo, eu também gosto. Mas tem coisa que já passa do ponto e vira violência com o corpo, com a vida, principalmente com a vida dos outros.

Na minha aldeia tem quatro igrejas, todas evangélicas, e eu fazia parte de uma. Hoje em dia é difícil de eu ir, porque estou morando em Bodoquena. Não querendo falar mal das igrejas, porque faço parte de uma e eu acredito muito em Deus, mas acho que os índios e os brancos têm, cada um, a sua cultura, e um não precisava ficar querendo se impor sobre o outro. Depois que a igreja entrou aqui, de forma ativa, somos obrigados a seguir alguns pastores que vêm de fora, e eles proíbem a gente de se pintar, por exemplo, que é uma coisa muito nossa. Antigamente existia a festa da moça, em que os convidados dos pais da moça enchiam uma bacia com bebida alcoólica. Era costume dar aos convidados, e eles tinham que tomar a bebida na própria cuia. A igreja foi proibindo isso também. A gente quase não sabe mais do nosso passado, da nossa cultura. A única coisa que ainda resiste é a nossa língua materna, só que aos poucos as crianças também estão deixando de falar. Isso tem acontecido em várias aldeias.

O ritual da moça era uma festa de três dias em que o pessoal dançava, as mulheres mais velhas cantavam, mas o motivo principal era a passagem das meninas da aldeia para a vida adulta. Só que, de um tempo para cá, a menina vira moça e eles festejam dentro da igreja, de uma forma totalmente diferente. É como aquelas festas de quinze anos de branco, sabe? Não existe mais a nossa tradição. Eu gosto muito de me pintar, e nem na festa da moça a gente se pinta mais. Só no Dia do Índio, mesmo. Na igreja, não pode ir pintada. A gente acabou deixando as pinturas para usar só na cerâmica. Precisa ir bem-comportada na igreja, não pode mostrar o ombro nem usar saia e shorts, somente para baixo do joelho.

Aprendi a fazer cerâmica com cinco anos. Aí quando fui estudar em Campo Grande, fazer a minha faculdade, a gente não tinha como produzir lá. Falei para minha mãe: "Acho que vou me reinventar, colocar nossos grafismos numa tela, vou ver se dá certo". E ficou bonito! Então conheci uma artista de Campo Grande, e ela me ensinou algumas técnicas. Hoje só uso pigmento natural e sigo pintando em telas. A gente consegue esses pigmentos dentro da aldeia mesmo, e não fica tudo em um lugar só. O pau-santo, por exemplo, a gente consegue só na região do Pantanal, lá em Nabileque, é uma viagem longa. A gente não corta as árvores, pega galho que já está seco no chão ou árvore que já caiu. Ele serve para passar na cerâmica quando ela está quente, derrete na hora, é tipo um verniz. A cor branca, a gente encontra no fundo da lagoa na aldeia, um barro mais fundo, fica ao redor do córrego. Precisa cavar bastante até chegar ao ponto. O urucum é mais para a pele mesmo, mas aqui é difícil a gente usar, é mais o jenipapo.

O grafismo kadiwéu eu aprendi desde criança com a minha mãe e com a minha tia Brandina. Minha tia é uma grande artista kadiwéu. Ela é surda e muda, só que sabe muito da nossa cultura. Ela desenha no papel e pede para eu transferir para a cerâmica ou para o couro. A gente se comunica através dos desenhos.

Os desenhos têm alguns significados, mas nem todos nós sabemos. A escadinha significa o crescimento dos Kadiwéu. Mas a espiral tem a ver com a história da origem do nosso povo. Contam que a gente saiu de dentro da terra. Todas as etnias, vários tipos de pessoas, estava todo mundo dentro do buraco. Aí, assim diz a história, Deus tirou os Kadiwéu. Só que o povo Kadiwéu era impaciente, não esperou. Era pra gente ter saído mais pra frente. De qualquer forma, quando a gente saiu, foi uma grande festa, porque nosso povo não estava mais preso, dentro do buraco da terra. A nossa pintura significa alegria para mim. A gente usa várias cores, são desenhos coloridos. Eu acho magnífico! São tão alegres! Tem sempre uma ligação com época de festa, de passagem, de comemorar a vida, as fases, os ciclos.

Depois que me tornei mãe, acho que amadureci bastante. Procuro dar o melhor para minha filha. Me tornei mais firme, antigamente eu só pensava em me divertir. Hoje tenho uma vida que depende de mim, é uma responsabilidade gostosa. Lá na minha aldeia, quando a gente tem um filho ou uma filha, existe o ritual de dar o nome. A gente procura os antigos. Porque os nomes têm muita história, cada nome vem de uma família. Você não pode chegar e falar: "Ah, gostei desse nome, quero colocar no meu filho". Você tem que escolher entre os nomes da sua família. Procurei a minha avó porque ela sabe. Minha avó paterna sabe quais são os nossos nomes. Júlia, minha filha, tem o nome dela indígena, que foi dado pela minha avó, de acordo com nossa herança. O nome português vai na identidade, o indígena fica no registro da Funai. Gosto muito do meu nome indígena, assino as minhas telas com ele: Nayokolate. Mas as pessoas me conhecem mais pelo nome em português. Gosto do mistério que existe no meu nome indígena. Ele tem a ver com a festa da moça. Conta a lenda que, quando a moça virava mulher, havia uns pássaros que sobrevoavam ao redor da casa dela e soltavam miçangas para fazer colar. A gente usava muitos colares naquela época. Meu nome tem a ver com esses pássaros que sobrevoam a menina que vira mulher. Minha avó contava que a gente usava moedas para fazer brinco e colar, além das sementes. Pra nós, moeda e semente são coisas de valor. A gente usa bastante o vermelho nos colares, que significa o sangue que o nosso povo derramou na Guerra do Paraguai. Usamos também o azul, que significa a cor do céu depois que a guerra passou e tudo ficou tranquilo.

O meu parto foi a coisa mais maravilhosa do mundo, supernatural! Quase nem precisei ir ao hospital. Teve uma vez que minha mãe teve um convite para participar de um evento, e nesse evento se encontravam mulheres líderes das diversas etnias. Eu estava com cinco meses de gestação, mais ou menos. Acho que, por conta do calor, passei mal, nunca tinha passado tão mal. Então veio uma pajé e fez uma simpatia para mim. Ela falou que eu precisava acreditar mais na força da natureza, que minha bebê era uma menina. A gente não conseguia ver porque ela cruzou as perninhas, mas ela falou muito para eu acreditar na minha natureza, que tudo ia dar certo. A dor passou na mesma hora. Eu estava enjoada, não estava conseguindo comer nada, mas logo depois que ela me tocou tudo passou. Desde então, eu sempre tive certeza: "Vai dar certo".

Quando a gente deu entrada no hospital, minha menina estava sentada, não tinha como ser parto natural. Eu já estava na fila, esperando a hora da cesárea, mas nem dor eu sentia, foi só cólica mesmo. Então a enfermeira fez o toque e logo chamou a médica, dizendo para minha mãe: "Dona Creuza, sua netinha já vai nascer agora". E não deu nem tempo de chegar na sala de parto, não deu nem cinco minutos, ela nasceu. Foi maravilhoso! Ela virou e nasceu pela via de parto normal mesmo, como eu queria. Eu estava um pouco angustiada, porque não gosto de hospital. Os médicos não acreditaram, porque não tinha como nascer de parto natural. Foi um milagre, mesmo, da natureza! Só agradeci a Deus. Morro de medo de ir ao médico, cirurgia tem que abrir a barriga, essas coisas não fazem o menor sentido pra gente. Meu irmão mais velho também estava superpreocupado de eu precisar fazer cesárea. Comecei a chorar quando vi que ela virou. No fundo eu estava acreditando na força da natureza, entreguei nas mãos de Deus, e deu tudo certo, como a pajé falou.

Na aldeia acho que o machismo diminuiu um pouco nos últimos tempos, mas o papel da mulher aqui sempre foi de dona de casa, mãe, essas coisas. Sinto que a Amak, a associação de mulheres, é muito importante para unir a força da mulher kadiwéu, e não deixar atropelar. Através da nossa arte, a gente não perde a personalidade, a gente se mantém animada, tem nosso espaço dentro da aldeia.

Minha mãe sempre lutou, sempre me ensinou a lutar pelos meus objetivos, ela é uma figura importante nessa libertação das mulheres kadiwéu. Minha avó, mãe da minha mãe, sempre foi uma mulher com gênio forte, que batalhou pelas coisas. Ela perdeu o marido antes de minha mãe nascer, grávida de seis meses. Acho que existe, dentro das mulheres, uma coisa que é independente dos homens, que aos poucos nós estamos redescobrindo. Feminismo para mim é uma mulher independente, que corre atrás dos seus objetivos, que defende as outras mulheres. Eu me sinto feminista. A gente tem que ter o nosso espaço, tanto fora da aldeia quanto dentro dela.

Aqui na nossa comunidade a gente ajuda a cuidar uns dos outros. Eu meio que criei a minha sobrinha mais velha, filha da minha irmã. Mas depois que tive minha menina, deixei ela um pouquinho de lado. Mas a gente está sempre junto. Quando uma precisa, a outra cuida. Eu deixo a Júlia com a minha irmã, tem essa união aqui entre as famílias, mas aquela parte de convivência coletiva que as aldeias do passado tinham nós já perdemos. Lá na Alves de Barros, em época de Dia do Índio, acontecem reuniões de quatro aldeias, porque agora muita gente tem carro. Mas, dentro da aldeia, a gente vive menos coletivamente do que costumávamos viver no passado. Ainda não pintei minha filha, porque na aldeia é motivo de festa a primeira vez que você pinta seus filhos. Os pais realmente têm um amor imenso pelos filhos. Mas, no momento, eu não tenho condição de fazer comida para a aldeia inteira, então estou adiando. Esperando melhorar a situação da covid-19, também. Graças a Deus, dentro da minha aldeia, algumas pessoas pegaram, inclusive meu pai, mas ninguém faleceu.

Espero que a minha menina valorize muito a nossa cura, nossa língua materna, nossos grafismos. Espero que ela possa se tornar uma mulher independente, que corre atrás dos seus objetivos. É meu sonho que ela ingresse numa faculdade, seja alguém na vida. Que nunca esqueça da língua materna, já estou ensinando para ela. A família do meu parceiro não fala mais a língua materna, mas, como minha mãe e meus irmãos são falantes, fica mais fácil de manter. Mas a grande maioria das crianças está perdendo, não fala mais. Tem uma frase de que eu gosto bastante e não queria que se perdesse, *aneotedogoj gabidinieni*, que quer dizer: "Deus te abençoe sempre".

Eu queria que as pessoas brancas valorizassem mais a forma de viver dos indígenas. Nós chegamos primeiro, e já faz muitas vidas que a gente está neste território. Há muitas gerações a gente é esquecida, a gente sofre com racismo, preconceito. Espero que isso mude nos próximos anos. Dia desses eu deixei um celular no conserto aqui perto de casa, em Bodoquena. Minha mãe foi buscar e levou o dela também, para consertar. O dono da loja acusou minha mãe de roubar o celular, quando ela não tinha feito nada. Acho que isso acontece por conta de a gente ser indígena. Fiquei muito indignada. Por outro lado, tem muita coisa boa acontecendo também. Sempre tive o sonho de escrever um livro e estou supercontente por fazer parte deste, por vocês ouvirem o que a gente tem a dizer.

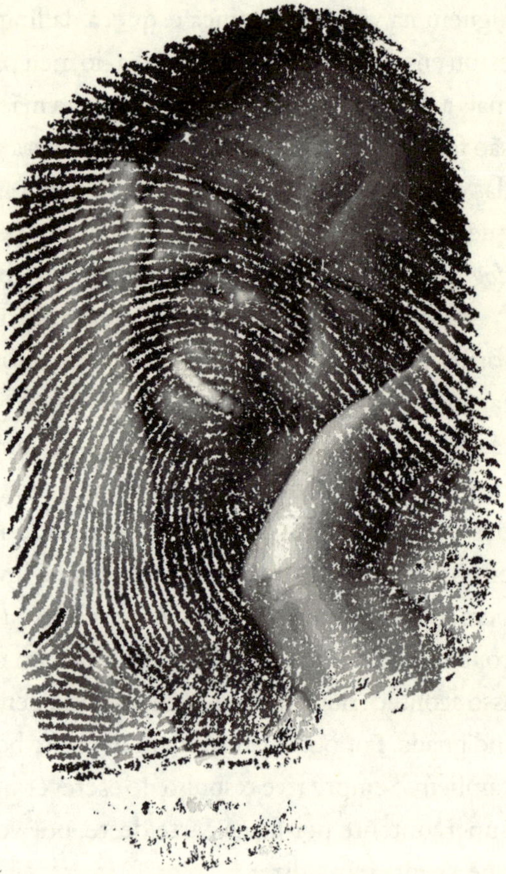

LÁZARA DA SILVA MOTA

Também conhecida como Lazinha Mota ou Mãe Lalá, vive em Tocos do Moji (MG). Não sabe ao certo de que parte da África vieram seus ancestrais. Desde que se conhece por gente, já cuidava de crianças e prestava serviços domésticos. Hoje mora na roça com a filha e trabalha na lavoura de morangos do genro.

4

CUIDAR DAS CRIANÇAS E DOS MORANGOS, O TEMPO DO TRICÔ E A CULINÁRIA DA ROÇA

Lembro assim, quando meu pai morreu, eu estava lá no velório cantando "Para, Pedro, Pedro, para", e as pessoas mandando a gente ficar quieto, porque meu pai se chamava Pedro, mas ele já estava mais do que parado, ele estava morto. E eu era uma criança e não entendia nada, muito menos o que era a morte, então seguia brincando. Na mesma época, fomos ao velório de um bebezinho, parece que era normal perder bebês naquela época. Aí eu dormi segurando numa cadeira e caí em cima dos frangos. Foi uma gritaria, levei muita bronca. Sempre fui um pouco desastrada, parece.

A mãe falava que a vó Lázara tinha sido escravizada, então ela veio de lá, de algum lugar da África. Há pouco tempo o vereador de Monte Sião achou o túmulo de algum antepassado nosso, que morreu na guerra de 1932. Então, lá em Grama Roxa, alguns de nós moram embaixo da terra, parece. Um dia quero ir lá, o cemitério se chama Conceição dos Ouros.

Na época em que a gente morava lá em Grama Roxa, meu pai e meus irmãos trabalhavam no alambique e tinham bastante camarada. Meu primeiro trabalho foi lá mesmo, com seis anos, lavando caldeirão, depois que meu pai morreu. A gente trabalhava para ganhar comida. Meus três irmãos mais velhos sofreram muito lá no engenho de pinga, porque eram adolescentes e apanhavam do pai, que talvez tenha apanhado de outras tantas pessoas. Parece que ele batia usando o bagaço da cana. Depois que meu pai se foi, a mãe ficou com cinco menores. Minha irmã mais velha, a Tonha, tinha de dezesseis para dezessete anos. A gente morava numa fazenda, e ali todas as crianças trabalhavam. Eu lavava caldeirão de pôr comida dentro, descia para o riozinho e deixava tudo brilhante, areava as panelas usando sabão feito com gordura e areia.

Depois fui morar em Monte Sião. Lá eu fazia serviço na casa das pessoas, eu estava aprendendo. Cuidava de uma menina que se chamava Cristiana. Era chorona, Nossa Senhora! Lembro que nessa época fiquei mocinha e saí correndo pra Fia, minha irmã, do outro lado da rua, com a saia no vão da perna, morrendo de medo daquilo que eu não sabia o que era, aquele sangue todo descendo. A mãe nunca falava nada, nunca tinha me avisado. Mas eu lembro que ela tinha uma amiga que se chamava Margarida, e vira e mexe a mãe falava "Ô, Margarida, o Chico vai vir!", e passava um pouco de tempo ela falava "O Chico foi embora!", e nada de eu ver o tal do Chico. E foi assim que a Lazinha precisou correr no meio da rua, com sangue escorrendo pelas pernas, para finalmente descobrir quem era o tal do Chico. Eu ainda era muito jovem, então, quando o tal do Chico estava para vir, me dava nos nervos, e eu fugia de onde estivesse. Lembro que uma vez eu estava com muita cólica e resolvi tomar um comprimido para tirar a dor. Fiquei com muito sono e acabei cochilando, a comida até virou carvão. O patrão chegou e a casa estava uma bagunça, cheirando fumaça. Tem coisa que eu lembro bem, porque marcou.

Trabalhei para poucas famílias, mas fiquei bastante tempo com cada uma delas. Na primeira, eu me dei bastante bem, vieram me buscar e ganhei até um presente, uma correntinha de prata. Foi o primeiro presente que ganhei na vida! Era um casal jovem, com uma casa bonita, onde morei por anos e acompanhei o nascimento dos quatro filhos. Tenho boas recordações dessa época, não era tratada apenas como empregada, mas também como amiga. Ganhei roupas, produtos de higiene pessoal, casa, afeto e comida. Meu pagamento eu mandava para ajudar a minha mãe. Conheci o Rio de Janeiro cuidando das crianças dessa família, sempre com tudo pago por eles. O que aprendi nessa época eu guardo para o resto da vida. Quando casei, quem levou a aliança foi a minha primeira filhinha de coração.

Trabalhei para outras tantas casas, nem sempre cuidando de criança, porque eu também fazia faxina e cozinhava. Uma vez briguei com um patrão por causa de uma máquina de lavar roupa. Eles eram bonzinhos até, mas essa família só vinha para casa nos fins de semana. Eu cuidava de tudo enquanto eles estavam em São Paulo. Teve um dia que precisei fazer uma transfusão de sangue, e o patrão disse que não aceitava atestado. Ele me fez dar um jeito de ir trabalhar, então tive que levar meus meninos para me ajudar, porque eu mal conseguia mexer o braço. Um cuidava dos cachorros, e o outro fazia a comida. Até o dia em que a máquina quebrou. Liguei pra patroa e ela já não gostou, como se a culpa fosse minha que o negócio quebrou. Eu tinha até levado a máquina para o conserto e pagado. E eles ficaram tão bravos! Acho que ficaram envergonhados de eu ter pagado. Ele gritou comigo e me despediu. Mais uma vez, fiquei sem entender nada. Juro por Deus do céu! Ele me mandou embora e ainda exigiu que eu não contasse para ninguém por que estavam me despedindo. E gritava comigo na frente dos pedreiros que estavam consertando a piscina da casa. Eles até pararam de martelar para escutar a bronca. Catei a sacola e a Bia, minha filha, que era um bebê, e fui embora. Comecei a fazer algumas faxinas até achar outro lugar.

Sempre gostei de trabalhar como cuidadora ou de fazer serviços domésticos. Com a família que me contratou na sequência, fiquei fiel por onze anos. É engraçado, muitos casais para quem eu trabalhava acabavam se separando, e eu sofria junto, porque eu gostava dos dois, de um lado e do outro. É sempre triste quando um casal rompe e a família se muda. As crianças falavam: "Mãe Lalá, cê vai lá cuidar de nós?". E pior é que eu não ia, porque eles iam pra outra cidade, e a gente perdia o contato. Que tristeza ver a mãe catando as crianças que nem mala, tudo largada.

As pessoas me chamam de Mãe Lalá porque o que faço melhor é cuidar de criança mesmo, adoro bebê pequeno. Vai nascendo um atrás do outro e vou ajudando a cuidar. Em toda casa onde trabalhei eu levava as minhas crianças comigo, então meus "filhos de coração" viam meus "filhos de barriga" me chamando de mãe e me tratavam assim também. Guardo muita recordação dessas crianças de quem cuidei. Hoje já são todos adultos, mas, se eu encontrar, ainda vão me chamar de mãe. Para minha alegria, também me tornei avó de dois lindos bebês, gêmeos, e estou ajudando a minha filha a cuidar deles. Não tem coisa que me dê mais satisfação! Então, filho só de coração eu tenho seis, e filho que saiu da minha barriga, três. Isso sem contar a netaiada.

Com o morango, comecei a trabalhar só mais velha, depois que a minha filha se formou em contabilidade, com muito orgulho, e mudamos para Tocos do Moji. Ela começou a namorar meu genro, e a família dele tem uma terra onde cultiva morango. Me convidaram, e hoje eu trabalho com eles. Ajudo a plantar, escolher, limpar e embalar para vender os morangos à Ceasa. Uns vinte dias atrás tinha muito morango aqui. Limpar o morango é tirar os mais verdinhos, deixar os mais bonitos para compor as caixas que vendem mais caro. É deixar a fruta bem limpinha, sem terra. Como se a terra fosse sujeira, né? Mas, de qualquer maneira, para comer, tem que lavar.

Quando você planta, o morango demora uns sessenta dias para começar a dar. É uma mudinha já bem miúda, só com a raizinha, e vem congelada. Aí a gente coloca na terra e vai irrigando. Em coisa de dois dias, já começa a dar brotinho. A gente planta a uma distância de dois palmos entre uma e outra. Bota duas carreiras, formando ruas. Não precisa nem colocar muito fundo, e faz o buraquinho com a mão mesmo. Aqui é sempre uma coisa familiar, a gente vai trabalhando junto. Eu, minha filha, o marido dela e os pais dele. É uma fruta bem delicada. A lavoura do morango é linda! Depois que ele brota, a gente coloca um plástico para proteger. E a irrigação acontece por gotejamento, uma mangueirinha por baixo da terra, e o plástico protege, criando uma estufa. O plástico serve para o morango não mofar, porque quando cai direto na terra, a terra come ele rápido. Morango é muito sensível à umidade. Então, a cada semana, a gente vai pra lavoura trabalhar, é uma maravilha! Não tenho mais que cuidar de criança, mas cuido dos moranguinhos. E o morango gosta de sol que nem eu. Ele precisa da chuva para crescer, mas a melhor época é a de sol. Quando o frio chega ele estraga um pouco, mas se recupera rápido e dá o ano todo.

Sinto que é tudo de bom quando eu estou no morango. Não tomo nem calmante, aquele calmantinho que preciso tomar todo dia para dormir. Falo para minha família que vou de bota, mas logo eu tiro. Aí fico de meia, mas logo tiro. Bom mesmo é colocar o pé na terra. Então, quando vai chegando aquele horário de quatro e meia e sei que preciso ir embora, começa de novo a angústia. Não é invenção, é angústia.

Lá no plantio, a gente vê o sol amanhecer e se sente abraçada. Tenho uma lanterna de cabeça, coloco na testa, aprendi a andar de moto. Pego a moto e vou às quatro da manhã pra lá, subo o morro com o bornal já amarrado no corpo. Aí a gente põe a mistura e uma garrafa de água na sacola, que vai no corpo. Aqui a gente fala "borná". Ligo a lanterna e vou. Graças a Deus, nunca vi cobra nem aranha. Só uma bem pequena um dia, mas o grito que dei foi tão grande, coitada, acho que se assustou mais que eu. É gostoso trabalhar com meu genro, ele anima a gente. Saio pra lavoura às três da manhã e vejo o sol se levantando lá no meio, coisa mais bonita, é nessas horas que acho bom estar viva. Meu genro e minha filha têm muita paciência comigo. Quando a gente chega lá, as misturas estão tudo prontas, o lanche que a gente leva no borná.

Ô, sogra pra dar trabalho! Meu genro sobe comigo de braço dado o "morro do morango", e cansa para chegar lá em cima, viu? Mas a gente chega. Mesmo em dia frio, a gente chega lá em cima suando. E depois vai colhendo e colocando numa cestinha que a gente carrega. Vamos enchendo a cesta de morango. Tem um rancho onde todo mundo joga os morangos da sua cesta e vai juntando. Ali mesmo a gente já senta e vai embalando, colocando filme, tudo manual. Só a família mesmo, somos no máximo umas seis pessoas. Antigamente, o morango só dava em agosto, mas agora dá o ano todo. Isso porque começaram a aparecer as mudas importadas, que dão o ano todo. Antes eu achava que morango era morango e pronto. Mas agora sei que tem morango para fondue, morango pra polpa, e existem tipos diferentes de semente e de broto também. Ah, tem aquele bolo de morango delicioso que eu faço. Para essa receita, precisa de morango grande. São os grandes que a gente separa um por um, pra vender mais caro.

A lua também balança demais a vontade das plantas. Plantar abóbora na lua minguante não dá bicho. Se você planta, dependendo da lua, não vai pra frente. Na cheia, os bichos tomam conta. Milho também, a lua balança. Agora, receita de comida, se for pra passar pra frente, eu acho que uma boa é falar do frango caipira com polenta ou do arroz com suã de porco. Hummmm... Vocês conhecem? Suã é a coluna vertebral do porco, tem um gosto que nem da costelinha. Tem também o pé amarelo. Sabe o que é o pé amarelo, né? É a galinha caipira, sô! A gente mata a galinha, destronca o pescoço, daí tem que colocar na água quente para soltar as penas. Quebra fácil a junta do pescoço, às vezes ela fica se debatendo um pouco, mas morre. Teve só uma vez que não morreu e saiu andando com a cabeça pendurada atrás da gente. Não gosto muito dessa parte, quem faz é a sogra da minha filha. Depois que tira a pena, a gente abre e limpa as miudezas também. Às vezes, a galinha vem com ovo dentro, sabia? Mas é molinho, não tem casca dura. A gente tira também. Tira a banha do frango e usa pra fazer a comida, para refogar. Uso alho e cebola também, e assim vai apurando. Esse é o prato que minha filha faz melhor, ela está cozinhando melhor que eu agora. Dá pra deixar com mais ou menos molho. Eu gosto mais apuradinho, aquele caldo meloso.

Arroz com suã é a minha especialidade. Lavo bem lavadinha e tempero, aí vai apurando no fogo, pingando na água e ficando amarelinho, pode colocar o arroz junto que pega o gostinho do suã. O osso da coluna vem com uma carninha boa, mais gostosa do que a costela de boi. Depois que já pegou tempero e ficou bem apuradinho, coloca o arroz pra cozinhar junto, o tanto que quiser. Pode colocar cheiro verde, alho, menos cebola, porque senão queima. Não precisa nem colocar na pressão. Logo o arroz cozinha. Meu filho trabalha num supermercado, e ele disse que lá eles cortam certinho, vem com mais carne do que esse que a gente corta aqui. Ou você come o suã puro, ou com arroz. Dá pra fazer lombo recheado, linguiça, e guardar na lata de gordura igual antigamente, para fritar na própria gordura. Aqui na roça é outro tempo.

A geleia de morango é bem simples de fazer também, é só colocar açúcar, morango, água e um pouquinho de limão, e esperar apurar. Tem gente que bate no liquidificador. Pode usar qualquer açúcar. Dá pra ficar mais ou menos doce. Costumo pôr a quantidade de açúcar a olho, você pode escolher o tanto que gosta.

Tem também o pastel de farinha de milho, que você desbruga com a mão pra ficar bem fininha. Coloca numa bacia com um pouco de polvilho, tanto doce como azedo, e mistura os dois. Uma colher de sopa de polvilho para uma panela de farinha de milho. Esquente a água sem deixar ferver, senão vira tipo um fubá. Quando a água estiver num ponto bom, vai escaldando aquela farinha. Escalde e misture até dar liga: polvilho, sal, farinha de milho e água. Quando a massa ficar num ponto bom, você abre e recheia. Geralmente usamos queijo mesmo. Depois é só fechar e fritar, de preferência na panela. Os peregrinos procuram isso pra comer. É comida de roça.

Outro dia, falei até para o padre Narciso: "Acho que perdi a vergonha da minha vergonha". Antigamente, até de comer na frente das pessoas eu tinha vergonha, cobria a boca pra falar, puxando a camiseta pra cima, pra esconder a boca. Hoje em dia eu melhorei um pouco, mas tenho fama de não gostar de ir na igreja. Claro que eu não vou, na igreja só tem eu com essa cor minha. As pessoas falam que não existem essas coisas, mas existe, sim, a gente sente. O padre Narciso disse para eu olhar pra imagem da Nossa Senhora padroeira daqui, porque ela é preta também. E se a Nossa Senhora Aparecida era preta, e ela é a mãe de Jesus, deve ser porque ele era preto também, né? Mas a questão é que as pessoas falam uma coisa e pensam outra, a gente sente. Minha depressão não sei dizer de onde vem, mas deve ter a ver com essas coisas. Infelizmente, ainda existe muito preconceito. É só ir agora na missa de noite para ver, só tem eu da minha cor. De manhã, só tem eu mais o Vicente André. Não tem muita gente assim, preto tinto que nem a gente, aqui na nossa cidade.

Quando chegamos aqui, acho que o povo não gostou não. Eu senti e já tenho essa sensibilidade impressa no meu corpo. Quando a Bia, minha filha, vai à rua, vou com ela, que já é mais branca, mas sozinha não tenho nem vontade. Eu me sinto bem em ir pro sítio, mas na cidade, andar na rua, encontrar as pessoas, disso eu não gosto não. Na roça vou bem, sinto que posso existir ali. A família do meu genro me trata super bem, eles não fazem diferença, mas não é todo mundo que é assim não. Sei o que falo. Vamos supor, fui moça morar na casa de um médico que era casado com uma professora, e lá eu era muito bem tratada, com respeito, mas as pessoas não são sempre assim. Tem gente que não me trata bem, sem nem me conhecer. Na última casa onde trabalhei, a criança nem via a mãe direito. Só que pra ir e voltar da casa dela, eu esbarrava em muita gente ruim. Quem cruza comigo na rua não sabe nada sobre mim, mas parece que já tem uma ideia ruim.

Minha filha é morena e casou com um branco, mas, tirando a família do meu genro, muita gente olha estranho para nós aqui no interior. A roça também tem muita fofoca. "Não gosto que falem que eu sou preta, eu tenho espelho", falava minha Tianinha. Mas, se a gente é preto, por que não pode gostar de falar que a gente é preto? A gente é o que a gente é. Para Deus somos todos iguais. Deus não falou para não matar e para amar a todos como a si mesmo? Não fazer com os outros o que não queremos que façam com a gente? Não vejo isso acontecendo na realidade, mas acho que bem aos pouquinhos as coisas estão mudando. Vejam vocês, sempre usei lenço para esconder meu cabelo, porque não tinha dinheiro para alisar. Minha filha já não quer alisar o cabelo, ela gosta do cabelo dela. Tá certo que o cabelo dela é melhor que o meu, mas percebo que minha filha não sente tanto peso, é um pouco mais livre para ser ela.

O sargento é da nossa cor, ele fica lá no posto de gasolina e, quando ele me vê, logo ele grita, zombando da minha cara: "Lá vem a loirinha do olho azul!". É tinto que fala, né? O tom da minha pele? Eu falo dessas coisas com ele. Ele também se sente assim. Pensa que os outros não fazem menos dele? E olha que ele é o sargento. Pensa? Mas pelo menos eu tenho meus filhos, o afeto com que criei eles, uma família unida, todo mundo tem saúde e tem o que comer. Mas não vou mentir, gosto que as pessoas me tratem bem. Quando alguém não me dá atenção, eu reclamo mesmo.

Nossa cidade é muito pequena, tem muita gente velha também. Os antigos têm muita coisa mal resolvida. Mas tenho minha história, minha vida, minha forma de cuidar, de viver, de enxergar as coisas. Também aprendi muito com as minhas patroas. Sei cuidar de gente, e muita gente não sabe cuidar de ninguém. Estou feliz que agora vou ser vovó, de gêmeos. Emburro quando minha filha não me obedece, porque eu me preocupo, mas tá tudo bem, nós temos saúde, principalmente agora que a gente vive junto da terra, perto dos morangos, na união e no afeto da nossa família.

De uns tempos pra cá, aprendi até a fazer crochê. Assim me acalmo, mas o coração, só Deus sabe, tá sempre a milhão. Se eu morei na cidade do tricô, um dia preciso aprender o crochê, eu pensava. Levou um ano e dois meses para eu aprender a fazer o quadrinho, que é um ponto que dá pra fazer colcha, blusa, top. Minha vizinha que me ajuda. Faço os quadradinhos e outras mulheres emendam. É tipo um vício que criei. O tempo passa, e fico sempre dentro dele, costurando a vida. Às vezes não penso em nada, fico só ali mesmo, costurando. É bom demais.

Também já trabalhei em malharia fazendo arremate de tricô. Já fiz muito disso. A gente vai se virando, né, minha filha? A gente vai conversando, e o tempo vai passando. A gente fica ali sentada no banco do posto, conversando e costurando. É bem engraçado! Também tem muita fofoca que a gente tricota. Quando tinha uma árvore aqui na esquina, a gente sentava logo embaixo e ficava espiando o movimento. Reparando quem estava indo e quem estava vindo. "Olha lá, onde não-sei-quem tá indo?", "Tá indo no médico, tá com papel na mão". A gente começava a criar as histórias na nossa cabeça, a deduzir o que as pessoas estavam indo fazer. Outro dia alguém sofreu um acidente. Nossa, pra quê? O povo fica esperando um acontecimento pra ter o que falar. O caipira é assim. Porque muitas vezes não acontece nada por aqui, e a gente fica só no crochê. Mas, se a árvore contasse tudo o que a gente falava debaixo dela enquanto tricotava, tenho certeza que daria para escrever um outro livro destes.

Outra coisa bem engraçada de ser caipira é o jeito como o povo se apossa da terra, das coisas que a terra dá e também das pessoas. Olha ali a Marieta do José. Do outro lado da rua, o Zé da Padaria. Minha filha é a Bia da Lazinha. E por aí vai. Parece que todo mundo é um pouco de todo mundo. Mas também é todo mundo um pouco da terra, mesmo os que não têm posse dela. Acontece também muito casamento entre primos, porque no fundo é todo mundo família. É um povoado, a gente mora tudo meio próximo, meio junto. Todo mundo é meio parente. Às vezes, duas famílias davam origem ao povoado inteiro.

Existem também as histórias, né? Que minha mãe contava, dos seres que moram na mata. Do Saci eu me lembro desde criança. Eu morava lá em Grama Roxa ainda. Não gosto muito de falar dele porque fico com medo. A gente gostava de pegar papelão e ficar escorregando na grama até cair na água. E ele falava: "Vem aqui, negrinha, que vou dar bala procê". Queria saber onde que o Saci achava bala, porque ele saía de dentro do mato, de dentro do bambu. E subia nos cavalos. Ele tinha um cheiro ruim que só, um cheiro forte. Até o cheiro dele eu sentia. Cheiro de enxofre. Quando eu estava pra ter meu filho, lembro que o Saci carregou o filho da Dona Virgínia, o Fabiano, lá pra dentro do bambuzal. Precisou o padre ir lá pra benzer, pra tirar o menino do bambuzeiro. Molequinho sumiu. Cadê? A mãe foi na benzedeira, e ela falou: "Foi o Saci! Vai lá no bambuzal, que ele está lá". Precisa ver o lugar difícil onde o Saci enfiou o moleque. Hoje ele já é moço, mas, se tá vivo, é porque o Saci ficou cuidando dele. Tia Mariinha conta que escuta o assobiar do Saci, que até dói o ouvido dela. O Saci gosta de criança, mas as pessoas não gostam dele não. Agora acho que vou parando por aqui que a gente já proseou bastante.

MARIA D'AJUDA ALVES DA CONCEIÇÃO PATAXÓ

Conhecida como Dona Jaçanã, é a primeira pajé da etnia Pataxó de Aldeia Velha, no município de Arraial d'Ajuda (BA). Criou uma horta comunitária que atende todo o povoado. Vem ensinando os mais jovens a cultivar e usar as ervas medicinais da região.

5

SER A PRIMEIRA PAJÉ MULHER DOS PATAXÓ, A HORTA COMUNITÁRIA E OS RECADOS DA LUA

"Meu limão, meu limoeiro. Meu pé de jacarandá. Uma vez esquindô lelê, outra vez esquindô lalá. Meu bem me pediu uma lima, da limeira do meu pai. A limeira não é minha, mas será que a lima vai. Meu limão, meu limoeiro. Meu pé de jacarandá. Uma vez esquindô lelê. Outra vez esquindô lalá."

Enquanto rego o quintal, eu canto e falo com as minhas plantas. Eu beijo e acaricio. Elas são minhas filhas. Fico muito alegrinha quando vejo que elas são tão bonitas. Que Deus e Jesus abençoem, e elas continuem sempre assim, saudosas. Pra mim, elas são tão importantes quanto as pessoas. Eu abraço, eu beijo.

Vi minha mãe cuidar do meu padrasto por muito tempo, depois de um acidente de mula que ele sofreu. Ela tratava com o que a gente chama de "remédio do mato". São chás e xaropes de raiz. O primeiro remédio que fiz foi com seis para sete anos. Minha mãe sentiu uma dor, e fiz um chá para ela.

Saí pro quintal, desesperada, sem saber o que fazer. Então pedi pra Deus me mostrar as plantas que eu precisava usar pra ajudar minha mãe. Elas brilharam à minha vista. Ela adoeceu logo depois que meu padrasto fugiu. Perdi minha mãe ainda menina. Cresci e me criei sozinha. Sempre quando via gente, me escondia no mato. Tinha medo de gente. Preferia ficar só, ou com as plantas. Foi assim que aprendi a fazer remédio, banho, xarope, tintura, infusão, óleo e pomada. Com sete anos eu já comecei a fazer remédio para o povo.

Desde os doze anos eu tinha vontade de fazer parto. Minha mãe fazia os partos em casa quando ainda era viva. Eu ficava ansiosa pra entrar no quarto pra ver o que estava acontecendo, ajudar, mas ela não deixava. Ela dizia que a cegonha ia trazer o bebê, mas eu não via cegonha nenhuma. A ingenuidade é uma coisa... Quando abria a porta, ela me dava o imbigo, o cordão pra eu enterrar. E eu enterrava.

A primeira vez que vi um parto foi de uma porca. Porque naquela época não tinha banheiro, e a gente fazia xixi e cocô no mato mesmo. Aí levantei cedo e fui pro mato fazer xixi. Quando passei perto do chiqueiro, a porca estava parindo. Voltei com tudo: "Papai! Papai! Vem ver a porca botando o bacurim pelo cachimbo!". Eu achava que o bebê saía pela repartição dos peitos, fiquei impressionada. Foi quando descobri que a porca paria pelo cachimbo. Custou eu acreditar que a mulher paria por baixo também.

Muita coisa eu aprendi com os animais. As frutas que o macaco come a gente pode comer também, mas as que o macaco não come a gente não pode comer de jeito nenhum: são veneno. Assim como os animais, da terra a gente veio, e vamos voltar de novo pra ela. Não tem como fugir disso. Não tenho leitura, mas tem coisas que eu sei. Não tive vontade de aprender porque a minha memória não dá pra decorar leitura. Agora a língua da terra eu sei, porque é viva e eu posso sentir.

A gente precisa cultivar plantas medicinais. Não quero parar nunca de fazer esse trabalho. Sempre quis ter a minha horta medicinal. É uma maravilha! Toda vez que a gente precisa fazer um chá, é bom ter as plantas à mão. É bom pra mim e pra minha irmandade. Eu atendo a comunidade toda. Só vai pra cidade buscar farmácia aqueles que querem ir mesmo. Minha horta é uma farmácia viva. As flores mais abertinhas, eu cultivo pra enfeitar e pra dar banho nas mulheres que estão pra ganhar neném. É só cozinhar e dar banho. Ajuda nas dores. Ajuda a abrir o útero.

Outro mato que é bom pra banho quando a mulher tá pra ganhar neném é a cupuba. É bom fazer banho da casca, que é pra cicatrizar. As plantas na minha vista brilham, as que servem para remédio. As que não servem pra remédio passam despercebidas. Sinto também pelo cheiro. A hortelã grossa é boa pra inflamação, é uma planta que refresca. É simples, mas as pessoas não sabem as coisas mais simples.

A lua mexe com a mulher, com os bichos, com as árvores, principalmente com a maré. Sei quando a lua está cheia, quando ela tá crescente, quando tá minguante ou nova. A lua é muito forte, ela muda com tudo. A lua é uma estrela que Deus fez com muita fortaleza. Ela controla tudo, inclusive a menstruação, por isso às vezes vem forte, outras vezes vem fraca. A lua também mexe a criança dentro da barriga da mãe. Na lua cheia a criança vem forte. Já na lua minguante, a criança vem fraca. Ao meio-dia, olho pro vento e já sei também da chuva. Não sei leitura, mas tudo isso eu sei. Quero ser assim mesmo. Onde há leitura há riqueza, não é isso que eu quero. Quero ser quem eu sou.

Outro dia, sonhei que tinha duas luas, uma do lado do norte e outra do lado do sul. A do norte era cheia, e a do sul era nova. Aí eu disse: "Ai, meu Deus!". Eu tinha ouvido falar que, quando apareciam duas luas, o mundo estava perto de se acabar. Aí acordei, saí de casa, olhei para o tempo, para o céu, e só tinha uma lua mesmo, a de cá, do lado do norte. Aí meu marido perguntou: "O que é, d'Ajuda?". E eu não disse nada não. Não falei nada pra ele. Deitei e, no que fui fechando o olho, ela veio de novo. A lua foi descendo e ficou numa altura bem baixa. Aí como que deu um sorriso lindo pra mim, e saiu da lua uma moça, uma moça bonita, o traje todo branco, aquele vestido muito lindo. Ela veio e falou comigo que o mundo estava mesmo pra acabar. Ela mandou eu assentar, mas ela continuou quase um metro fora do chão, flutuando. "Vamos conversar, terminar o nosso causo", ela disse. As mãos dela pareciam raio de luz, cada mão. "O mundo está mesmo perto de se acabar", ela disse, "mas quem é ser de luz já viajou, tá viajando e vai viajar. Quem for da outra parte vai ficando." Aí acordei de novo, mas nunca esqueci desse sonho. E logo veio a pandemia, não me espantei. Quem sabe a hora que devo ir é Deus, e a viagem que eu vou fazer vai ser com ele.

Pra mim, até a morte é vida. Nós temos o espírito e a alma, são coisas diferentes. Às vezes a alma da gente quer jogar a gente no fogo. O espírito nos salva. A alma é o sangue do corpo. O espírito é Deus, é o sopro. A alma, se morrer, morreu, já era. O espírito é vivo. Você passa o tempo todinho aqui e, quando chega a hora de ir para o outro lado, tem outra vida pra você. A morte é uma palavra que se resume à vida em tudo. Sem a morte a vida não tem sentido.

Tenho prazer em plantar pra deixar as plantas pros meus filhos e netos, e para qualquer outra pessoa que precisar. É a herança que posso deixar. A raiz que a gente diz que não quer perder é a cultura. Fico preocupada em passar os ensinamentos que vieram até mim. A tradição vai se acabando quando a raiz morre. É como as plantas. Eu queria que a árvore continuasse a crescer, por isso tento compartilhar esses saberes que eu amo e adoro. Preciso passar tudo isso pra frente. Ensino aqueles que desejam aprender. Se por acaso eu for embora dormindo, é bom que já fique na cabeça deles as coisas que eu ensinei. É por isso que estou crescendo a horta e ensinando os mais novos a plantar e cantar.

Fui escolhida pelo povo de Aldeia Velha para ser pajé. Eles me viam fazendo remédio, fazendo parto, fazendo cura, e me escolheram. Eu já nasci com esse dom, foi Tupã que me deu. E fico muito alegre, porque fazendo remédio consigo ajudar as pessoas. Quem cura é Tupã, mas sou eu que faço os remédios, grata por esse ensinamento que ele me deu. Gosto de fazer as coisas que faço, mas para mim não é nada de mais. O cacique chegou e disse que, a partir daquele momento, eu era reconhecida como a pajé da aldeia. Eu falei que não podia, porque sou evangélica. Como vou ser pajé? E ele insistiu que eu podia sim. Demorei pra aceitar, porque ouvia o povo falar que pajé é feiticeiro. Mas ele insistiu que as coisas boas que faço para o povo são coisas de pajé, e, portanto, eu já era a pajé da aldeia. Então percebi que não ia ser ruim pra mim, nem pra ninguém, e aceitei. E foi muita palma que ganhei, viu?

No começo, a igreja evangélica não gostava que a gente se pintasse ou usasse os nossos costumes, mas com o tempo eles foram ouvindo a gente também, e hoje aceitam. Então, sou a pajé e sou evangélica, porque Deus é um só. E o importante é estar ligada a Tupã, a Deus, de um jeito ou de outro.

Hoje em dia, já existem outras mulheres pajés na minha etnia, a Pataxó, mas fui a primeira.

A horta comunitária ajuda muito a aldeia. Quando estava começando, meu desejo era ter mais tipos de plantas, para fazer outros remédios, e foi assim que juntou um bocado de gente para ajudar, daqui e de fora. Muita gente veio ajudar a fazer a horta. Foi quando comecei a fazer muito mais remédio com as ervas do quintal. Funcionou muito bem, a gente plantou um bocado de ervas, boas para cultuar a saúde também. Virou uma coisa da comunidade, em parceria com a escola, com os alunos. Eu ensinava pra eles como fazer os remédios, que folha que serve pra quê, e como fazer a folha virar pomada, garrafada. Fui ensinando, porque depois que eu for embora, pelo menos eles vão saber. Não quero sair deste mundo sem ensinar alguém que possa continuar a curar. Preciso ensinar para qualquer pessoa, deixar o conhecimento, por isso desejo muito que possamos voltar a fazer outra horta. Com a pandemia, a gente teve que abandonar o projeto anterior. Eu já estou de idade e não aguento fazer sozinha, então precisa vir outro grupo pra eu ensinar, pra eu poder ajudar. Fico muito alegre com a chance de começar de novo, quantas vezes precisar.

Quando estou na cidade, meu ar parece que acaba, sinto falta de ar. Quando entro na floresta, não sinto mais aquele ar apertado, sinto saúde, sinto alegria. Quando entro na mata, me sinto abençoada. A natureza é vida, a gente respira forte, uma respiração grande, uma respiração viva; na cidade, parece que a respiração fica abafada. Quando estou com as plantas, fico com o ar livre, me sinto muito bem. É por isso que é da natureza que tiro meus remédios, tiro respiração, tiro amor. A floresta é como uma mãe para mim. Se eu pudesse, nunca cortava um pau, para não matar a natureza, que Tupã deu para nos curar. É ele, através da natureza, que dita os remédios que preciso fazer. A gente cuida dela, e ela cuida da gente, tem muito remédio na natureza, muita coisa que ninguém ainda nem descobriu. Eu me sinto muito bem em viver dessa forma. Se eu pudesse, cuidava ainda melhor da natureza, porque a natureza está logo abaixo de Tupã, só dá coisas boas pra gente.

Quando encontro alguma erva que não conheço, levo ao nariz, e já sinto se ali é um remédio. Quando me sinto muito bem, é porque é remédio, é uma cura, e é por isso que amo as ervas. Elas são encantadas. Estão sempre ajudando a gente. A forma de preparar às vezes é banho, outras é chá, e também faço garrafada. É só seguir as instruções, e você vai se sentir bem.

A gente tendo carinho, minha filha, até com as plantas a gente se dá bem. Eu tenho carinho por todo mundo. Se a planta sente o carinho, que dirá você e eu. A gente precisa ter carinho um pelo outro, se abraçar, se beijar. O segredo é ter amor pelas plantas, pelas mulheres grávidas, pelas crianças; é a gente ter amor. Veja que todo mundo me abraça e me beija, justo eu, tão feia e velha. Todo mundo tá sempre me cheirando. A gente colhe aquilo que planta.

Minha primeira menstruação foi engraçada, o sangue desceu, mas eu não sabia o que era, então pensei que tinha me espetado no pau. Vi o chão com sangue e pensei: "Como me furei assim, que não estou sentindo dor?". Aí eu corri pro rio, tomei banho, lavei minha calcinha, quando cheguei em casa, tava tudo sujo de novo. Aí comi tudo o que passava pela frente e adoeci. Fiquei quatro meses sem ficar menstruada, por causa da minha boca. A mulher, quando está assim, não pode comer tudo que aparece, mas eu não sabia.

Fiz remédio para poder descer. E desceu preto igual borra de café. Depois que tomei a raiz das ervas, o sangue desceu normal de novo. Graças a Deus, fiquei sã. Aí parei de comer abacaxi. Parei de chupar laranja, poncã, tangerina, manga, que fazem mal. Lima é uma fruta fria. Limão não pode nem triscar quando a gente está menstruada. Também não pode saltar sobre espojo de cavalo, de animal nenhum, por cima de comida de cavalo nenhuma, nem por cima de cocô de cavalo, porque cria mioma. Fazer xixi em qualquer lugar também não pode. Então, se você estiver na mata, precisa cavar um buraquinho, urinar ali e enterrar, para não vir a lagarta e espojar em cima, porque pode a mulher engravidar quando acontece isso. Porque na fase da menstruação a gente está muito fina, é perigoso, a mulher fica muito frágil. Acontecem muitas coisas ruins se a mulher não tomar cuidado nessa fase. Também não pode comer peixe e carne junto.

Quando a menstruação não desce, tem alguns cuidados; você pode usar boldo, alho, folha do maracujá, folha do marajussu. Primeiro, experimenta fazer o chá com uma banda da folha do maracujá. No outro dia, cozinha uma banda e meia da folha. No terceiro dia, pode cozinhar duas folhas e meia e beber o chá. Com certeza a menstruação desce: se não tiver grávida, vai descer. Agora, se tiver grávida, aí não desce não.

Tenho ensinado muita gente no Rio Grande do Sul, onde andei, em Belo Horizonte, em São Paulo, no Rio de Janeiro, muitas mulheres já sabem dos meus rituais. Ensino também o que deve evitar comer e beber quando está menstruada, porque tudo isso pode fazer mal para a mulher, que precisa se cuidar redobrado.

Quando a mulher tem cólica, a gente usa a jabanquela. É só pegar três batatinhas, ralar e colocar na água morna bem esperta, no copo de plástico, porque o vidro rebenta. Coloca em uma vasilha de plástico ou uma xícara de louça, pra não quebrar. Aí toma esse chá para cólica. Sabendo fazer esse remédio, nunca mais vai sofrer desse mal.

Se a mulher tem inflamação no útero, usa a hortelã grossa e a hortelã miúda. Faz o chá bem forte e toma. Pode fazer o banho da hortelã grossa bem forte também. Pode se banhar da cintura pra baixo, que é bom para desinflamação. A folha da goiaba é boa pra mulher quando ganha neném. Para fazer o banho, pega a casca da aroeira, a casca da goiaba e a casca de caju e faz os três banhos. Pode entrar a mulher nessa água quando ganha bebê. Se não achar casca do caju vermelho, pode ser do branco.

Para as mulheres que vêm aqui me procurar, faço garrafada contra cisto, inflamação no útero... faço remédio pra limpar o útero, para engravidar também... porque, às vezes, tem cisto no caminho de onde faz o nenê, e vai empatar. Às vezes, tem alguma entupição. Mas é só tomar a garrafada que resolve, ajuda a desinflamar, a deixar o útero limpo para o neném passar. Mulheres que estão pra ganhar neném também me procuram bastante, pra eu fazer o parto, pra ver se o bebê está bem, se está atravessado ou de pé. Faço remédio também para desvirar criança, viu? Porque menino de pé é muito ruim de nascer, atravessado também. Junto nos poderes de Tupã, e ele desatravessa, a criança muda mesmo de posição.

É importante a mulher se cuidar muito, e se olhar, porque, se a mulher não cuidar do corpo dela, como pode viver bem? Toda mulher tem o direito de ser saudável, tem o direito de se cuidar, por isso precisa observar o próprio corpo. Porque existem muitas doenças, tristezas, mágoas que ficam enroladas no útero da mulher, e às vezes vêm de outras gerações, já nascem com a gente. O feminismo que eu acredito é a mulher que cuida da saúde da outra. Aqui na aldeia a gente faz isso.

Quando a mulher sente que a regra dela está pra descer, precisa logo se cuidar. Hoje em dia tem muito remédio, tanto para engravidar como para não engravidar, e a gente tem o direito de cuidar do nosso corpo do jeito que achar melhor. Às vezes o mesmo remédio para limpar o útero trata também de inflamação, de cisto. Tudo isso dá pra tirar, tudo isso tem remédio.

É bom ensinar as meninas mais novas a lidar com as suas regras, explicar, porque elas são novas, e precisam entender para não assustar. Se elas entenderem que o sangue é sagrado, vão saber como cuidar. De duas até três vezes, quando estão no começo, precisa ensinar, porque da primeira vez são tão novinhas que às vezes não sabem, acabam se assustando com o próprio corpo, se afastando dele.

Quando o sangue vem igual hemorragia, forte demais, até desce pelas pernas, fazendo aquele rio de sangue em volta da casa, às vezes precisa deixar as pernas suspensas. O que você vai fazer, nesse caso, é pegar açúcar branco, de temperar café. Apanha o açúcar, enche a sua mão, tudo o que couber de açúcar, coloca numa água morna e despeja da cintura pra baixo. Deixa a mulher sentar nessa água, se tiver bacia; se não tiver, você banha da cintura pra baixo, que vai estancar o sangue. É simples. E eu fico besta, porque as coisas mais simples as pessoas não sabem.

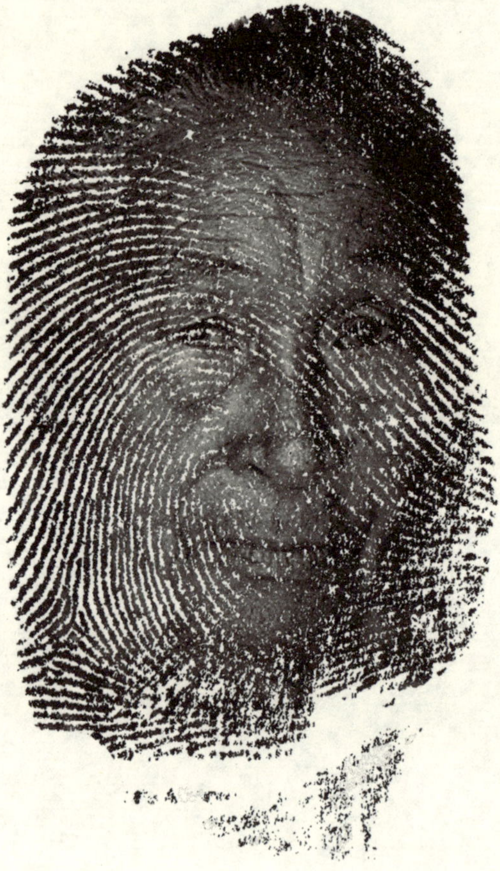

JOSEFA MARIA DA SILVA SANTOS

Mais conhecida como Dona Zefa da Guia, é líder espiritual e benzedeira quilombola. Mora no Quilombo Serra da Guia, em Poço Redondo (SE). Às quartas e sextas-feiras, recebe em sua casa pessoas de várias regiões do Brasil e do mundo para curar as mais diferentes doenças do corpo e da alma. Usa os sonhos como forma de orientação.

6

MÃE TERRA, TERRA MÃE: O QUILOMBO, OS BENZIMENTOS E O SONHO COMO FORMA DE ORIENTAÇÃO

Meu nome é Josefa Maria da Silva Santos, conhecida como Zefa da Guia. Sou parteira, rezadeira e tenho 77 anos. Moro na comunidade quilombola Serra da Guia. Toda quarta e sexta-feira, recebo pessoas de todo Brasil que vêm pra eu fazer o benzimento e Deus curar. Todas voltam felizes e me contam que trouxe bons resultados. Comecei a benzer com sete anos e com onze a fazer parto. Com doze anos e três meses, me casei. Hoje sou avó e bisavó. Me sinto muito bem. Esse meu serviço é uma luz que Deus me brilhou e iluminou. Sou muito feliz assim. Esse dom a gente já traz ao nascer. A gente já vem com o espírito de luz. Traz a vontade do bem. Minha mãe disse que, quando nasci, ela me teve só, que foi assim, nasci sozinha, eu mesma saí.

Como Deus é maior, ele sabe de tudo e nós não sabemos nada, peço a ele e agradeço à grande mãe por iluminar. "Louvado seja Nosso Senhor Jesus Cristo. Ó, virgem da Conceição, faz a mão de Deus valer", digo, quando pego nas pessoas. E fico alegre demais com isso que faço. Ajudo também com remédios caseiros e benzeção.

Outro dia chegou um rapaz todo afundado, com os olhos virados. Há quantos dias ele está entregue a essas drogas? Dez dias, alguém respondeu. Louvado seja Nosso Senhor Jesus Cristo! Quem pode mais do que Deus? Ninguém. Acho que é obrigação de alguém chegar para ajudar, não só pegar quando já está dessa forma. É interessante quem acumula no lugar, quem fica com essa criatura sofrendo como se fosse um cão sem dono, tomar resolução. Ele é obrigado a se cuidar muito, e quem está por perto, a ajudar ele a melhorar, ser feliz, voltar a ser um bom dono de casa. O rapaz já estava com cirrose no sangue e patite no fígado, abandonando toda a vida dele por causa do vício, um mal programado pra ele não ficar feliz. Dei-lhe a benção: Deus pai, filho e Espírito Santo. E pedi às minhas filhas que dessem um copo de suco para ele beber.

Ajudo muito bêbado e outros cachorros sem dono. É preciso força de vontade para tirar as criaturas do estado ruim. Aquele que está caído a gente tem que ajudar, mas ninguém ajuda. Chegam aqui num estado piorado. Quanto mais precisam, parece que menos as pessoas querem ajudar. Pode não ter mãe, não ter pai ou irmão, mas tem a mim, tem a nós, a comunidade tem que acolher. Acho que as pessoas se machucam e fazem mal a si mesmas. Então, passo a proteção através do toque, dos banhos e das coisas de comer e de tomar. Vejo onde a doença está no corpo e uso leite de moreira para limpar o pulmão, o intestino e o fígado, por exemplo, quando chega homem afundado no álcool e nas drogas, com cirrose. Banho de coentro para espantar vício e maldade.

Gosto de estar sempre rodeada de papagaio e galinha, eles me ajudam a saber o tempo das coisas. Antes, as casas aqui no quilombo eram de palha, a primeira de telha foi a minha. Construí em 1973, e fico muito feliz de morar onde moro porque ali estou bem no coração do quilombo, posso contar as histórias dos antigos para os mais jovens.

A história do quilombo que acho mais importante é aquela que a gente participa, que se faz com união, na paz. Acessar de onde os escravos vieram e como chegaram pra poder explicar pra quem quer se informar. Como começamos, como chegamos e como estamos criando nossa comunidade. É com a natureza da serra, das belezas e das coisas que a gente conversa um com o outro, que segue a nossa luta. A gente começou a participar da reunião com Frenoque, com padre Isaías, continuou com Dionísio, Moné Belarmino e com todos aqueles que chegaram por aqui. A Serra da Guia continuou, gerou uma boa assistência de quilombola, seguindo na força dos antigos, nossos antepassados.

Estamos aqui com as flores, as boas intenções, a floresta especial, cuidando da nossa serra, do nosso povoado, da nossa gente. Os que vieram antes de nós vieram fugidos de lugares onde negro era vendido. Vinham da Serra dos Cavalos, do Palmares, Pernambuqui. E resolveram chamar esta região de Serra da Guia, porque não tinha governante, ninguém que guiasse. A natureza é quem nos conduz por aqui. É ela quem nos guia, por isso, Serra da Guia.

Para fazer as curas, acendo vela e rezo. Ofereço para Nosso Senhor Jesus Cristo e peço a benção, rezo para que eu consiga dar a explicação e ter a medicação para que aqueles que vêm se orientar comigo possam ficar bem. E quando alguém chega perguntando como eu faço, conto história em rezas, em benzimentos e em curas. É Jesus Cristo quem faz tudo isso, não sou eu. Não sou pessoa que vai engrandecer nem dizer que sou uma curandeira. Sou benzedeira e rezadeira, trabalho na comunidade como parteira, dando orientação para todos os que vêm se informar.

Chegam pessoas de vários lugares para benzer. Tenho uma capelinha com um altar aqui na minha casa. Então acendo a vela, convido as pessoas, elas se sentam no banco, e aí a gente vai fazer os benzimentos. Deus vai curar com a imagem de Padinho Ciço, Nossa Senhora das Dores, Frei Damião. A gente trabalha e, com aquela fé, Deus se movimenta, e as pessoas voltam tudo feliz, tudo sã, benzidas na paz. Mas é preciso ter fé na palavra.

Entendo que a educação é muito importante, porque não sei ler e escrever, mas acredito que a escola é um bom caminho e uma luz que brilha para todo ser educado, os jovens e as jovens, com muita responsabilidade e atenção do professor e da professora na sala de aula. Mas a escola não ensina a gente a ser uma pessoa de qualidade. As pessoas podem se conhecer melhor a partir do próprio sonho. É através da arte de sonhar que Deus vai mostrar o caminho para quem quer ter a felicidade. Porque um sonho de qualidade é um respiratório que faz a gente se sentir bem. O sonho mostra aquele caminho por onde a gente precisa continuar a viajar para chegar na paz, mesmo que nem sempre seja fácil lidar com o que o sonho mostra.

Quando sonho à noite, Deus me dá força, e vem aquele sonho pesado me orientar. Tenho sonhado coisas que vão acontecer uns três dias antes. Às vezes, a gente fica preocupada, porque aquele sonho foi avaliado e reconhecido para mim, para que eu possa direcionar os que vêm em busca de explicação. O sonho melhor que tenho sonhado é quando a mulher vai ganhar menino, que o menino vem de mau jeito, já posso ir sabendo como vai acontecer, para então fazer aquele parto. Ou mesmo uma pessoa doente, que vem para eu rezar, sempre tem acontecido várias coisas que eu mesma já vejo antes, fico me sentindo com felicidade, por poder ajudar com a visão de alcance do sonho, e os outros acreditarem no que a gente tem pra falar.

Pra você ajudar não precisa ter dinheiro. "Ah, mas eu não tenho nada pra dar." Tem! Você tem. E mesmo se você acha que não tem nada, você pode dar uma palavra. Pode ajudar com muito jeito. Não precisa ser rico. É só ter um bom coração. Você também tem esse dom. Pode começar a pôr em prática. No meu jeito é com banhos, xarope e reza, eu luto pelo direito da terra dos quilombolas, faço o que posso pela minha gente. O seu jeito, se você não achar, ele vai achar você.

O tempo nos ensina. Mas então, qual é o ensinativo? Parar, pensar e resumir. O que é melhor que aprender e ensinar? Ainda tem uma frase que diz: "Quem souber e não ensinar, e quem ouvir e não aprender, no dia do juízo vai se arrepender". Porque se eu souber de alguma coisa que você me procura, e eu finjo que não é comigo, e não faço aquilo que é justo e deixo você não ficar correta, aquilo ali Deus não serve daquilo não. Criamos uma dívida a pagar. Porque não ensinamos como era para o outro aprender. Fizemos confabulação, enganamos, alguma coisa assim. Isso não é bom.

Dormir, quem dorme muito pouco aprende. Quem quer divulgar e aprender sonha, e a verdade chega. Se a pessoa se entrega com todo amor, ela recebe a divindade do amor e do prazer. É isso que eu queria passar pra vocês. O mundo é um mestre. Nele eu aprendi: "Quem sai de casa estirado volta encolhido". Uma cigana me disse, e eu assevero que sim: "Quem mais eu fala de outro, mais outro fala de mim".

Caveira, quem te matou? A língua. Não sei, não vi, é uma passagem que entra e em todo lugar se sai. Não preciso responder em justiça, em lugares onde não dá pra entrar. Isso é o que passo para minhas amigas e meus amigos. E digo a todos: não confiem. Porque não se deixa o arrodeio pelo atalho. Porque da traição nem Jesus se livrou. Daí a gente é obrigada a ter muito cuidado, e ter um tempo de aguardar e esperar.

O meu ensinativo vem do oriente. O que é o oriente? O espaço. Deus consensa e dá. A gente faz a avaliação e aprende aos poucos, devagar. E o que a gente aprende, o que a gente sonha e o que a gente faz, os outros não precisam saber. Porque, às vezes, a gente perde por aquilo que a gente ensinou que não dava pra aquela pessoa saber. Então vem do oriente. O oriente é um modo de um senso da nossa cabeça, da nossa mente. O oriente vem da paz de Jesus Cristo, que ele é o filho de Maria. Oriente, orientação, fortalecimento. Concluir e reduzir, e depois fazer o motivo que a gente pode seguir.

Acho que nós não somos crianças. Quem vê as nuvens baixas pensa que o céu é perto, mas não é bem por esse caminho. Ainda temos muito a que ver em nós mesmos e o que aprender. O que a gente fizer de bom aqui está escrito no céu, no livro da vida. A mãe terra, a terra mãe, veio a tempo de descobrir tudo. Ela vai dar conta de todos aqueles que foram plantados em cima dela.

Se a gente pudesse não morrer, a gente não morria, porque queria ficar mais tempo pra construir mais coisas que possam agradar. Preciso passar pra vocês aquilo que me foi passado. Acho que meu serviço é uma cruz que carrego, mas é a minha missão também. Tenho que acolher, agradecer e dizer quem sou eu. E venham pra cá, aqui sempre tem uma vaga. Podem chegar! Quero que vocês fiquem mais. Se vocês quiserem, as portas estão sempre abertas e os braços também, para abraçar.

As mulheres me procuram mais por conta de dor, querendo uma palavra de conforto, quando estão pra ganhar filho e às vezes não têm condições, e ficam desesperadas. Elas me procuram, e eu dou assistência. Faço tudo de bom, por amor, assim elas vão lidando com a dor, acalmam, vão melhorando da mente, da cabeça, e os nervos ficam mais positivos. Graças a Deus sou essa pessoa que luta para cuidar das pessoas que me procuram, acho que é um grande amor que tenho por todos — um carinho, pensando bem. Conversando com elas, dou aquela força boa de energia, para elas voltarem para casa ou ficarem na minha mesmo, conforme o que elas possam fazer. Estou aqui para isso, para assistir as pessoas.

Acredito na força daquela mulher guerreira, que luta e tem aquele momento de sentir as coisas que são boas pra ela guerrilhar, vencer e crescer na unidade que ela sente como a felicidade. Mulher guerreira importante é mulher que defende as outras e defende até o próprio, que seja homem. O papel da mulher, hoje, na movimentação que se vê, é que às vezes elas sofrem, são agressivas com este sistema difícil. A gente se preocupa com esse momento que estamos vivendo em toda comunidade e no mundo em geral. Acho que a mulher deve ter um entendimento da recordação do sofrimento e da mágoa que a gente vive nos dias de hoje, para poder ajudar o mundo a melhorar.

Sempre reconheço as mesmas histórias, mulheres com sentimento partido; elas se entregam para construir o momento que elas vão se casar, fazer uma família feliz. Eu torço para as mulheres que lutam e vencem. Que possam criar suas famílias com amor e paz, gerar mais pessoas para nosso quilombo. Desde quando iniciei meu dom, esse trabalho que Deus me concedeu, a minha vivência tem sido feliz. Desejo para as minhas netas que sejam mulheres de qualidade, que não façam coisas que não sejam justas, para que se sintam bem como eu, representando a criação, no sentido do amor e de ter uma recordação do sonho, para viverem bem e conseguirem vingar a vida delas na nossa comunidade quilombola.

Antes de terminar de contar minha história, eu queria fazer uma pergunta pra você: o que é mais velho que o tempo? Não adianta dizer que é o mundo, Deus ou o pensamento. Te dou quarenta minutos. Vocês, que são estudados e têm caneta, experimenta responder. Você que sabe soletrar e sabe tanto, será que pode encontrar a resposta? Pergunto isso pra todo doutor que encontro, e ninguém acerta.

O que é mais velho que o tempo é uma criança que a mãe tem antes do tempo. Um neném que avançou o sinal foi mais velho que o tempo, atropelou. Sim, estou falando do aborto. Tem muita coisa que não vinga porque não esperou, atropelou o tempo. Um menino que nasce de sete ou cinco meses quis nascer primeiro que o tempo. Por isso eu digo que minha vida é uma mistura de tristeza e alegria. Nunca pensei que passaria por tanta emoção. É vivo, é morto. É passagem pra todo lado. Tá vivo! Tá morto! E assim segue. Esse é o meu dia a dia. Às vezes, alguém me liga dizendo que o pai está velho e morrendo. Eu chego lá, e o bichinho se alevanta.

LENITA ISABEL DE LIMA

Nascida e criada em São Sebastião, Litoral Norte de São Paulo, é descendente de uma mistura de indígenas com piauienses e preza por suas raízes ao se alimentar do que a terra e o mar lhe oferecem. Aos fins de semana, vende sucos e petiscos com a família na praia de Juquehy. A alimentação sempre foi o seu mergulho. Sente orgulho de ser caiçara.

7

O TRABALHO FAMILIAR COM O CARRINHO DE PRAIA, HISTÓRIAS DE PESCADORA E A CULINÁRIA CAIÇARA

Meu nome é Lenita Lima, sou nascida no Litoral Norte de São Paulo. Moramos na praia de Juquehy, onde trabalhamos em família com o carrinho de praia. São poucas as caiçaras raiz aqui na comunidade. Hoje em dia, o litoral todo é uma mistura de cultura caiçara com nordestina. Como ter preconceito se tenho um pé no Nordeste, né? Meu pai é do Piauí, então tenho sangue piauiense. Na minha visão de mundo, o preconceito nem deveria existir. Somos uma miscigenação de gente simples, e eu gosto de fazer parte disso. E sempre me pergunto: será que existe alguém que não seja um pouco misturado também?

Minha bisavó foi pega no laço, mas depois que veio para o litoral começou a ter vergonha de ser indígena. Eu tinha uma prima que passava sempre aqui em casa e, quando minha bisavó saía, ela gritava: SUA ÍNDIA! Como se fosse um xingamento. Por conta do preconceito, ela mesma não gostava de ser descendente de indígena. Noutros tempos a gente ia pra aldeia pelo meio do mato, usando uma trilha. A gente topava veado, onça, cobra, tinha muito bicho. Meu pai entrava na floresta e até costumava caçar. A gente já comeu tatu, tamanduá, entrava no mato para pegar palmito e comia cutia também. Mas depois que essa região foi aterrada e a água da nascente foi desviada, ficou mais raro. Os animais não querem chegar pra cá, onde está tudo devastado.

A cultura caiçara já está rareando, mas a gente fala que é muito igual a uma galinha com os pintinhos dentro da asa, mas não dentro de casa, que nem o povo da cidade. Ser caiçara é viver nesse quintal a céu aberto. É deixar de cuidar da própria vida, mas cuidar da vida do outro. É ser até um pouco intrometida, às vezes, como uma forma de cuidado. É uma expectativa muito grande, um do outro, por isso é até difícil de sair sem olhar pra trás. É um povo muito acolhedor! A mãe caiçara quer criar o filho do lado dela, a gente não consegue sair de perto do ninho. Muitas pessoas falariam: "Ah, eles moram numa vilinha". Só que não é uma vila, é um grande quintal, onde a gente compartilha tudo, até comida. Difícil saber onde acaba um e começa o outro.

O carrinho de praia a gente comprou para ajudar a pagar as contas da casa, já temos ele há mais de vinte anos. É uma forma também de poder trabalhar junto da natureza, de servir, ofertar e falar da nossa cultura. É um vínculo com a natureza. Pode parecer fácil, mas é um trabalho cansativo. As pessoas percebem que a gente é uma família unida, que trabalha junto, que vive junto, que pesca, que cozinha e que serve. Que vive com o outro. Às vezes saem umas brigas, e o caiçara é bem desbocado, mas faz parte do nosso modo de ser. A gente já diz logo o que pensa e se resolve. Até nossos filhos são criados no meio de palavrão. A gente é escrachado! Mas o carrinho é, sobretudo, poder estar na praia, cuidar da praia, olhar para a questão do lixo. Quando a gente não está na praia, os nossos clientes falam que não é igual. A gente é como a natureza, acolhe qualquer um. Tem esse traço de afeto, que é bem do caiçara.

O carrinho é ambulante, então a gente é, sim, um pouco nômade, mas ele tem ficado pesado porque estamos servindo comida também, então a gente só vai aqui do quintal pra praia, uns cem metros. Mas, no começo, mais de vinte anos atrás, o carrinho do meu pai era mais leve, só com bebida, e ele ficava pra cima e pra baixo, circulando a praia inteira. Chegava em casa cheio de histórias. Hoje em dia nem dá mais. Por conta da mudança da maré, a praia ficou diferente. Antes todos os carrinhos transitavam mais. Essas casas que o pessoal constrói na beira da praia acabam desviando o vento, muda toda a geografia, a praia foi ficando mais de tombo, dificultou bastante para se deslocar na areia, fazer translado. Mas todo dia a gente vai daqui do quintal pra praia e volta, coloca o carrinho sempre no mesmo lugar, na parte mais reservada da praia, para atender mais os clientes mesmo. A maioria já se tornou amiga, pessoas que já conhecem a gente, alguns parentes, pessoas que têm casa aqui, irmãos por parte de mar.

Por falar em mar, a minha relação com ele é de muito respeito. É bem a fala do bombeiro: "Água no umbigo, sinal de perigo". Eu respeito demais. A natureza nos ensina que existem certas coisas que você não tem que querer domar, tem que respeitar. O mar tem as suas particularidades. Não é coisa pra ficar querendo entender, é mais sobre sentir. Tem dia que o mar está bravo, ele já vai mostrando que está revoltado, então mete medo de entrar nele. Noutros dias, quando está liso, ele te ilude pra tu ir cada vez mais fundo, e quando tu menos espera pode entrar numa correnteza e morrer afogado. Então essa coisa de não conhecer o mar e querer se impor sobre ele é coisa de turista, é falta de respeito. Não é só saber nadar. Porque mesmo quando o mar não está revolto ele pode iludir e te levar. É preciso sentir quando ele está bem e quando não está. Principalmente se estiver atrativo. Se você entra numa correnteza e se apavora, é difícil se salvar.

A gente fala "o mar", mas para mim o mar não tem gênero, não é fêmea nem macho. O mar é uma divindade. Meu jeito de falar com Deus é falar com o mar. Mesmo fazendo parte de uma doutrina cristã como a [igreja evangélica] Bola de Neve, não sou pessoa que fica enfiada em igreja. O melhor jeito pra saber que Deus existe é olhando pro mar. Faço questão, quando quero falar com Deus, de ir para o canto das pedras, porque lá Deus fala grandemente comigo. Não tenho a menor dúvida, Deus está no mar, na natureza. Não precisa ir ao templo para falar com Deus. Minha mãe é assim também. Tem um tempinho, em vez de ir pro shopping, como muita gente faz, a gente está no mato, no mar, vai para as pedras, pra cachoeira. Levo esse hábito para as minhas filhas também. A gente tem carro porque precisa, mas gosta mesmo de andar a pé ou de bicicleta. A gente entra nos córregos, fica mais livre para interagir. No caminho da praia pra casa, a gente sempre passava numa bica que tinha lá no cantão e já chegava de banho tomado. A água da cachoeira é mais limpa e mais viva.

É uma afronta quando a gente vê os turistas chegando e jogando lixo na praia, mas a gente não consegue mudar a cabeça do outro. As leis também são tudo meio esquisitas. Cachorro na praia não pode, mas jogar esgoto das casas bonitas no rio que vai pro mar, pode. Encostar no muro que é propriedade privada na beira da praia não pode, mas o esgoto das casas ser despejado no mar, pode. Hoje em dia, quando chove, a água dos bueiros sobe e espalha esgoto pela rua. Tem muita casa bonita por aqui, mas a grande maioria não respeita o meio ambiente. Depois aparece bicho geográfico e o povo diz que é por conta de cocô e xixi de cachorro.

Aqui tem um monte de casa linda, maravilhosa, mas onde cai esse esgoto? Não é nem só questão de turista vir pra praia e sujar. São essas grandes construções que muitas vezes não têm o saneamento devido. A gente tenta orientar, porque o povo toma cerveja e joga a latinha na praia, porque acha que vai passar um catador. Não vai passar catador! Se a maré enche, o mar vem e leva tudo para dentro da água. "Vou tomar meu coco e vou deixar aqui que o moço do carrinho de praia vai pegar." Não, não deixe seu lixo pra gente limpar. Essas coisas deixam a gente bem triste. O turista que conhece Juquehy percebe o quanto a natureza já mudou e começa a respeitar. Mas aquele que vem passar o dia e não tem esse respeito realmente é complicado. A gente tenta doutrinar o turista, mas é estranho. As pessoas dizem que estão pagando, acham que o dinheiro pode tudo. Não compensa ficar discutindo. Muitas vezes, a gente vai lá e pega o lixo, porque a praia é nossa. Não é pela pessoa, é pelo mar. Esse tipo de gente vai embora e já era. Será que elas não percebem que a terra toda é casa de alguém? A gente faz esse papel de guardião porque a praia é nossa, e nós somos parte dela, nossos filhos vão viver aqui.

De comida típica caiçara, a gente tem o peixe com banana, que é bem do nosso dia a dia, mas tem que ser com uma banana verdolenga, a banana bem verde. A gente usa tainha, quando tá em época de tainha, mas nem sempre a gente come peixe fresco. O mar não tá pra peixe! As embarcações grandes levam tudo embora. O peixe, hoje em dia, é muito caro e raro. Nem sempre quem sai pra pescar volta com peixe. Ou a gente pesca, ou ganha dos amigos que saem pro mar. É muito raro a gente comprar.

Outra coisa que a gente come bastante aqui é a taioba. O que para a maioria das pessoas é a couve para nós é a taioba. A gente tem bastante taioba no mato, então é só sair pra pegar. E tem também o cará, que é uma coisa bem particular da minha mãe. Entre os meses de agosto e dezembro é quando começa a existir a fruta, a raiz do cará. É bem coisa de pescador, porque ele pega não só pra ele. A pessoa começa a desenterrar e distribuir pra todo mundo, pras primas caiçaras, pras comadres. Aí dá briga porque uma fala: "O cará que tu me deu tava amargo!". Só que ninguém quer pegar, porque é difícil. Minha mãe não perde essa tradição, a gente sempre vai pegar cará. Vira e mexe, ela me chama quando estou de folga, busca outros filhos, meu marido, e leva pra costeira pra pegar cará. Estamos sempre por lá, cavoucando a terra que nem tatu. É difícil de tirar porque é uma touceira de espinho. Não é todo mundo que consegue. E depois que pega, não pode deixar bater em nada porque se não ele fica amargo. Mas para preparar é só cozinhar com sal. A gente faz muita paçoca de cará. Quem é vegano pode comer puro, mas a gente costuma colocar toucinho ou bacon. Reforça no alho também. A gente também faz nhoque de cará, pão. É bem tradicional da culinária caiçara. Pra fazer virar paçoca, deixa ele em ponto de batata e depois é só amassar no garfo, que nem purê, só que um pouco mais empedaçado. No final está todo mundo amassando, é um pouco árduo, mas supernutritivo.

Outro ritual nosso também é ir até a costeira pra pegar saguaritá, que são os caramujinhos que minha filha ama comer. Tento manter esse hábito com ela, de preparar saguaritá. É um trabalho bem moroso, porque tu tem que se abaixar pra pegar, mas, com a maré vazia, até a minha filha consegue. Chegando em casa, tu prepara com água e sal, como se fosse um mexilhão, e vai tirando com agulha pra comer. Quando não tem agulha pra todo mundo, a gente usa o espinho de laranjeira ou do próprio pé de limão, que era o jeito que os antigos faziam.

Guaiá é um caranguejo das pedras, bem difícil de pegar, só caiçara raiz mesmo pra conseguir, que nem minha mãe. Nem eu me atrevo. É com a mão, mas, por conta das patas, tem um jeito certo para não se machucar. Dá pra pegar também usando galho de hibisco. Faz uma forquilha com ele, amarra um pedaço de tripa de peixe na ponta e vai pro canto da costeira quando a maré baixa. Aí é só ficar lá, assobiando. A gente atrai eles com o assobio. É muito engraçado, porque você começa a assobiar e eles logo vêm. Mas é uma coisa que já está acabando. Com a mudança da maré e do clima, a gente está perdendo isso também. Antigamente a gente pegava muito língua roxa, um caramujo que tu só consegue enxergar quando a maré baixa. É só um pontinho preto, que precisa cavar e puxar pra conseguir pegar. Mas também tem o pregoaí, que vem muito na rede. É como se fosse um vôngole maior, mas anda escasso também.

Lá em Boiçucanga ainda se vive bastante de pesca artesanal, na boca da barra. Aqui em Juquehy, meu primo Tuca pesca todo dia e traz peixe fresco pra gente. Mas tem muito pouco peixe agora, a gente tem sofrido com isso. Diminuiu a quantidade de peixe porque a praia está muito iluminada por conta dos postes e também por conta das casas na beira da praia. Todos os dias a gente jogava a rede e puxava, o picaré. Essa prática não pode mais fazer. Pescar com rede antes do Parcel, essa pedra que divide o oceano em alto-mar e beira-mar, também não pode mais. É só mais lá no alto-mar. Quem tem barco pequeno não tem mais como pescar. O povo ainda vai de arpão, perto das pedras, mas pega pouco peixe.

Eu costumava ir com meu primo pescar noutros tempos, mas a forma de pesca que eu mais pratiquei foi mesmo o picaré. A gente ia pra praia à noite, muitas vezes fui com meu tio Alonso. Puxava a rede e vinha peixe, vinha bastante peixe e siri também. A gente fazia sirizada, era uma festa. Agora só dá pra pegar saguaritá. Essa era uma das nossas brincadeiras de criança. O que eu fazia muito, quando tinha entre seis e sete anos de idade, era ir para as pedras pra colher o limo. Vinha uma colônia de japoneses, comprava o limo da gente para fabricar aquela alga que se usa para enrolar sushi. A gente tirava das pedras e vendia para os japoneses. Hoje os limos também ficaram escassos de tanto que o bioma mudou, mas, até os meus dez anos, a gente vendia sacos e sacos de limo das pedras para essa colônia de japoneses.

É engraçado, contando essas coisas eu estou percebendo que a natureza é o elo entre minha mãe, minhas filhas e eu. A gente até sente o cheiro das coisas que nem bicho, cheiro de costeira, cheiro do mar. É uma coisa muito própria nossa, saber o cheiro das coisas. O cheiro da cobra, por exemplo, todas nós sabemos. É um cheiro muito peculiar. E as pessoas falam: “Como assim? Cheiro de cobra?”. Mas é batata! Quando a gente sente o cheiro delas, elas aparecem na hora. É parecido com cheiro de amônia misturado com alho. Um cheio bem específico. Agora fico tranquila porque sei que meu corpo vai mostrar se alguma cobra se aproxima.

E tem gente que passa por cima, atropela, é picado e nem percebe. Essa nossa relação com os animais, com a terra, com o mar, é algo muito forte. Qualquer outra criança poderia falar que quer ir para o shopping; a gente trabalha no mar, e quando é pra se divertir, é o mar também.

As baleias sempre encalharam aqui na praia, mas é sempre baleia já sem vida mesmo. O que aparece bastante hoje em dia, lá para os meses de maio e junho, são os golfinhos. Quando eles encalham, a gente chama os ambientalistas para fazer o resgate. É lindo assistir à dança deles, a coreografia do cardume de golfinhos. Sempre que aparece, a gente desce para olhar. Antigamente, quando vinha tartaruga na rede, a gente comia, e era até bacana ter um casco na parede. É da nossa cultura: como não tinha muito alimento, a gente agradecia e comia o que o mar trazia. Hoje, olhando para trás, pesa na nossa consciência, a gente sabe que as tartarugas estão em extinção, então, quando aparece na rede, devolvemos as lindezas na mesma hora pro mar.

A palavra feminismo, pra mim, é uma luta constante de você, como mulher, para mostrar sua forma de enxergar o mundo dentro da sociedade. Porque a mulher é uma expressão de vida maior que o próprio homem. Ser mulher é ser guerreira. Acho que a palavra feminismo, antes de mais nada, precisa ser vista como uma coisa materna. Todo homem saiu do ventre de uma mulher. O feminismo é o maternal. Fazer o homem entender que ele só existe porque existe a mulher. Então ele não é mais importante que a mulher. Não existe hierarquia, mas existe honrar de onde tu veio, honrar a terra, e lembrar que em tudo na natureza existe o complemento entre masculino e feminino.

Na minha primeira gravidez, minha avó ainda estava viva. Falo que minha gestação foi de égua, porque durou 41 semanas. Minha vó falava que minha filha estava encruada, não nascia, então me fez lavar minha barriga com sabão de pedra virgem. E tinha que ser um anjo, tive que convidar uma criança para lavar a minha barriga. Esse era um ritual indígena para o parto não ser tão árduo. No fim das contas, tive que fazer o parto de pé, porque ela virou. Mas deve ter dado certo, porque eu consegui. Minha avó também falava: "Lava a barriga no mar para o parto ser normal". E, no final da gestação, ela já não deixava a gente entrar muito no mar, porque a onda podia bater, e o bebê nascer ali mesmo, dentro d'água. "Vai, vai... mas vai na beirada. Não deixe a onda bater nessa barriga", ela avisava.

Na gestação da minha segunda filha, minha avó não estava mais viva, mas mesmo tendo outra religião, que fala para não acreditar nessas coisas, tomei banho de manjericão para tirar mau-olhado, lavei barriga, segui as recomendações dela. Continuo usando os ensinamentos que minha avó deixou. Faço muito azeite com alho e alecrim para verme, que é um lombrigueiro, um vermífugo natural. Essas coisas não tem como explicar, mas funcionam.

Quando fiquei sabendo que estava grávida pela segunda vez, eu já estava com cinco meses. Nessa mesma época, minha filha engravidou também, então a diferença da minha segunda filha para minha neta é de somente dez meses. Amamentei minha primeira filha até ela fazer quatro anos, isso também é da nossa cultura. Mas minha filha mais velha parou de amamentar a filha dela com dois anos, então eu dava de mamar pra minha filha e pra minha neta. Minha avó era assim também, amamentou e cuidou dos filhos e dos netos. Meu tio Alonso, que era engraçado, quando ouvia os irmãos nascendo lá dentro do quarto da minha avó, achava que era gato miando.

E foram nove gatinhos nascendo, uma coisa muito natural, que se fazia em casa mesmo.

Uma história que gosto de contar é a da mulher de branco do cemitério. Meu avô contava que de madrugada ela ia se banhar no mar. Ela existia de verdade, morreu com quinze anos. Era uma menina que começou a ter espinha no rosto, cutucou com uma caneta e a coisa gangrenou. Foi assim que ela acabou morrendo. Tão novinha e já se machucando por conta da beleza. Foi assim que ela acabou virando assombração. Meu avô e meu tio Alonso juram de pé junto que ela era a tal mulher de branco. Aqui no cemitério os adultos eram enterrados para um lado e as crianças, que a gente gosta de chamar de anjo, para o outro. Parece que, depois que ela morreu e foi enterrada no cemitério dos anjos, acabou virando mulher lá dentro da terra. Então, nas madrugadas, ela saía pra tomar banho de mar. Contam que precisavam esperar ela voltar para poder fechar a porta do cemitério. Agora, se isso é história de pescador, não posso garantir. Talvez seja a minha história de pescadora.

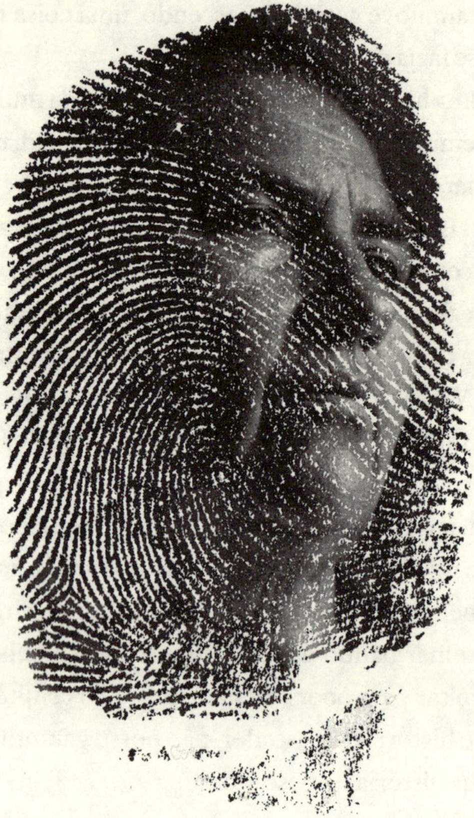

MARIA JOSÉ GALDINO DA SILVA

Mais conhecida como Mãe Zezé, é parteira e transformou sua casa num centro comunitário chamado Casa de Parto Mãe Zezé, que atende anualmente mais de três mil pessoas. Virou notícia nacional quando, em 2016, foi a única mulher eleita vereadora em um município de 356 mil habitantes, gastando apenas 21 reais na campanha. Mora no sítio Barra Taquara de Cima, em Caruaru (PE).

8

SER A VEREADORA MAIS VOTADA SEM FAZER CAMPANHA, A CASA DE PARTO E A MAGIA DE "PEGAR CRIANÇA"

Costumo dizer que a minha comunidade é a minha família. Uma vez um dos prefeitos veio dizer que, na gestão dele, não queria parteira. Aí falei: "Que pena que você não quer, porque eu quero". Oxenti! Vou continuar a ser parteira até debaixo d'água. Já peguei filho dos filhos das mulheres que nasceram comigo. E como gosto de pegar criança! Trabalho como parteira há quase quarenta anos. Já tive os meus filhos também, e danço, minha gente. Arrasto pé que é uma beleza!

Aqui na Casa de Parto Mãe Zezé eu atendo de tudo, tudo quanto é emergência. Não tem dia nem hora. Uma vez tive que curar um homem que foi pisado por um porco. Nunca vi coisa mais difícil de costurar. Eu empurrava as tripas pra dentro, e elas saíam. Eu empurrava de novo, e elas tornavam sair. O bom é que no final dá tudo certo.

Aqui na minha comunidade, sou o delegado, sou advogado, sou psicóloga, geriatra, pediatra, ginecologista. Chegou aqui com um assunto, eu ajudo. Não sei o que eu sou. Sou um pouco de tudo. Na hora do parto, tem o parto. Depois tem a briga com o marido. Aquele negócio todo! Aqui é assim, eu trabalho 24 horas.

Pra você ter ideia, uma vez fui pegar até o bebê de uma namorada do meu esposo. Fui lá e peguei o bichinho. Se eu não fosse, não ia ter quem pegasse, eu ia me sentir culpada. Já pensou se morresse? Ainda fiz chá, ajeitei o menino. As namoradas do meu esposo foram morrendo, e fui enterrando tudinho. Comprei até caixão! O que não é amor é bobeira, minha gente.

O bom é saber que pra tudo tem seu tempo. Tempo pra gente nascer, casar, se enganar, se achar, se amar, tempo pra morrer. Tudo tem seu tempo! As coisas não acontecem fora da hora. Não é o tempo que está mudando, são as pessoas. Na maternidade de hospital tem meio mundo de gente, e ninguém te conhece ou está olhando pra você. Parir em casa é uma benção! O médico não tem a mesma forma de tratar mulher que a parteira tem. Fazem o toque, examinam e deixam pra lá. A gente bota no colo, a gente dá carinho mesmo. É muito diferente. É uma coisa de amor! De primeiro não tinha médico. Eram só as parteiras que faziam o nascimento. E podia demorar três ou quatro dias, não importava.

Na maioria das vezes, só com a apalpação dá pra ver onde está o pezinho, joelho, cabeça e a bundinha. Só de colocar a mão eu já sei dizer se o parto vai ser normal ou não, e se as coisas vão correr bem. Tem bebezinho que teima, mas depois vai encaixando. Ao tocar a barriga, já faço uma benção e dou as boas-vindas. As mulheres entram num lugar de confiança, ficam seguras. Vou ajudando a dar passagem com jeitinho aos filhinhos e filhinhas das minhas irmãzinhas. Às vezes elas ficam em minha casa três ou quatro dias. Se vejo que não está dando passagem, mando pro hospital. Quando precisa, faço movimento de ondulação como se fosse um banho, pro bebê ir aprumando. Quando percebo que está tudo certinho, uso o defumador para trazer a coragem. O fogo quer dizer que existe luz. Não vou meter medo nas minha parturenta. Vou trazer logo o fogo, e ele traz a coragem. Converso com elas com todo amor e carinho. Um parto não é uma coisa fácil, mas, se a gente tem fé, o Espírito Santo vem ajudar. Muitas mulheres me enxergam como um anjo, vestida de branco, mas não sou eu, é o espírito.

Para massagear as mulheres e preparar pra hora de chegar, uso muitas bolas. A bola é redonda como a gente, por isso que ela ajuda. Vários tipos e tamanhos. Tem lugar que tem que pressionar, e falta força, outros estão duros e precisa soltar. De cócoras funciona para algumas mulheres, mas não pra todas, depende do corpo de cada uma, né? Às vezes dá câibra, e a gente precisa segurar as pernas. Quando o neném sai é uma coisa linda demais. Eu choro. Elas choram. A gente transborda igual maré, e ri muito também. Parece até que tocam sinos! O chorinho do bebê é gostoso demais, o cheirinho deles também. Todo esforço vale a pena quando os dois, mãe e bebê, ficam ali juntinhos. Fico olhando e babando. Depois com calma a gente pesa e faz o carimbo do pezinho no livro. Eu saio e olho pras árvores com o dever cumprido. Deixo o sol iluminar tudo e só agradeço.

Nascer é a primeira coisa que a gente faz, nosso ritual de passagem primeiro. Leva tempo pra gente se acostumar com a nossa pele e achar nosso lugar, mas as parteiras e benzedeiras estão aqui pra dar esse primeiro afago. Somos as mães que as mães não sabem mais ser. Sei que as pessoas modernas estão querendo nascer no hospital com cesariana, mas acho muito triste nascer num lugar tão frio, cheio de máquina. A placenta, por exemplo, a gente enterra. A gente tem que dar a passagem, como faz a água. Depois tem que plantar a raiz da criança na terra, pra ancorar. Isso ajuda a criança a não sentir solidão depois.

Também tem vezes que só com o toque dá pra saber que a coisa vai mal. Então vou junto com a mulher pro hospital e não saio do lado dela até resolver. Se é preciso fazer ultrassom, precisa ser lá, né? Não tem outro jeito. Agradeço que os hospitais existam, nesses casos. É muito triste quando um bebê morre dentro da barriga, mas tem coisa que tem que passar como uma onda sobre o mar, o rio nas pedras lisas, as árvores sentindo a brisa, o vento nas folhagens. Quando acontece isso, ajudo a arrumar o caixão, aqueles bem pequenos, para feto. A gente faz todo o ritual desse outro tipo de passagem. A morte e a vida são irmãs. A gente enterra, a gente ora. A gente coloca flores. A gente abraça a mãe e o pai. Tudo no fim acaba passando. O tempo, ele é feito pra passar. Passou ontem. Passa hoje. Também amanhã vai passar. As flores também murcham, faz parte da natureza. Se o menino brincar, brincou. Se não vingar, tem que passar. A água segue fluindo sem parar. Aqui no sertão a gente chama os bebês que morrem antes de nascer de anjos. Eles não chegaram a ter pecado. Só tiveram a experiência da barriga.

As parteiras acumulam a força de todas as mulheres que vieram antes. É assim que nosso fazer continua vivo. A gente é guardiã das portas, e o útero é uma delas. Eu sempre peço permissão aos céus pra mexer na barriga das mulheres que vêm pra mim. Peço pra abençoar onde ponho a minha mão. Adiante da minha mão, a mão do Senhor, e então surgem as coisas da vida. A sociedade abandona esse nosso trabalho. Pensam que a gente é coisa do passado. Por quê? A parteira está muito presente, é mais presente que qualquer passado. É uma coisa que não deveria passar nunca, para que a vida siga passando com amor.

A gente trabalha com o coração, dá o sangue, dá banho, ensina as mães. Tem amor à profissão, amor ao ser humano. Na cidade ninguém tem tempo, mas o amor, meu bem, toma tempo. Cuidar é assim. Não tem outro jeito não.

A gente vê as pessoas reclamando. Um reclama daqui, outro reclama de lá. Todo mundo reclama da vida! Eu sei que ela é dura, mas não vai amolecer — não amoleceu até agora, né? Acho difícil amolecer, então sigo trabalhando. São coisas que a gente gosta de fazer e vai seguir fazendo até o fim da vida. Cinco horas da manhã eu já estou acordada. Desço, barro o poço, limpo a casa dos patos, isso tudo eu adoro porque isso é vida. Por que vou reclamar da vida se ela é tão boa? Enquanto se pode curtir a vida?

Ser parteira é um ato de resistência, mas é um resistir com afeto. Como flores que insistem em nascer em lugares ruins. Toda semente tem chance de ser árvore, a vida aqui é força, é força dentro da seca. Eu só posso existir se eu resistir. Como uma árvore grande, quanto maior é aquilo que a gente vê, maior também é aquilo que a gente não vê, aquilo que a gente sente. A vida é feita de encontros, são eles que nos ensinam. A chuva é o encontro da água com a terra. O fogo é o encontro da madeira com o ar. A nuvem é o encontro do ar com a água e com o vento. Para existir vida, precisa existir encontro. As pessoas dizem que, se parar de ter eu, nunca mais será a mesma coisa; elas têm muito medo que a minha hora chegue, mas uma hora ela vai chegar.

Sempre tive uma relação boa com todo mundo, e, se cheguei até a política, foi o povo da comunidade que quis, foram eles que fizeram minha política. Quando fui me candidatar no partido, eu só tinha 21 reais. Ou eu pagava a passagem ou pagava a foto. Então, quando entrei no carro, como sou uma pessoa que ajuda tanta gente, o motorista já não cobrou a passagem, e eu saí sorrindo. Quando cheguei lá pra tirar foto, dava 23 reais e eu só tinha 21. Eu estava tão confiante que iam me trazer de volta de graça que pedi um descontinho e gastei tudo com a foto. Minha política foi o povo que fez, o que eu faço é de coração, são coisas que nasci pra fazer.

Passei quatro anos na política; graças a Deus, fui muito bem respeitada, por todos e por todas. Do dinheiro que eu ganhava, metade ficava pra mim, a outra gastava com ultrassom, cirurgias, ajudando quem precisava. Me sinto uma mulher muito feliz. Não sou da política, assim de brigar, sou uma pessoa que gosta de ajudar, então a minha política foi assim. Não gastei um tostão, entrei e saí lisa, mas feliz com o que concluí.

Um tempo atrás, fui fazer o parto de uma comadre minha e, quando coloquei minha mão para sentir a pulsação do menino, vi que ela estava tendo uma crise epiléptica enquanto o menino estava coroando. Tive que me deitar no meio das duas pernas dela pra consegui ajudar a cabeça do menino a sair, e depois dar vazão aos ombros. Estávamos eu e o padre Antônio, que era o marido dela. Era não, é. Naquele desespero dela batendo, quando peguei o menino e cortei o cordão, vi que ele não estava mais vivo, já saiu morto. Aí o marido virou e disse: “Mas, comadre, foi ela que matou o menino”, e eu respondi: “Compadre, não fale uma besteira dessa, ela não está nem ouvindo”.

Peguei o menino e botei no saco. Todo mundo já preocupado em pedir esmola pra cobrir o menino, levar pro hospital e fazer atestado de óbito, essa coisa toda. Foi quando percebi que eu não trabalhava só. Foi eu colocar o menino no chão, dentro do saco plástico, que senti uma voz batendo no meu ombro, falando no meu ouvido: "Volta, pega o menino e expira", e eu fiz isso, bem calma e sorrindo. Peguei ele do saco, me sentei no canto da parede com ele nos braços, pesava uns quatro quilos e meio, e comecei a expirar. Teve uma hora que eu cansei, e achei que não estava resultando. Mas a voz novamente disse no meu ouvido: "Expire, expire, não pare". Aí o pai dele disse: "Comadre, não adianta mais, não, já nasceu morto, a senhora quer dar vida a defunto?". E eu respondia: "Não, compadre, eu vou tentar". Continuei com intervalo de dez a quinze minutos. Cada vez que eu queria parar, aquela voz me incentivava a seguir na respiração boca a boca. Para encurtar a história, ele escapou, o bebezinho viveu. Naquele momento em que ele deu o primeiro grito, em que ele finalmente gritou, eu senti que ao redor de mim havia muitas pessoas que não eram desta terra. Percebi que eu não estava pisando no chão, eu estava nos ares. Aquela criança, para mim, foi um milagre, assim como vários outros; foi incrível, porque eu cheguei a botar ele dentro do saco plástico.

Outra vez estava chovendo muito no meio de abril, e fui para a casa de uma parturenta. Quando cheguei lá, a casa não tinha luz, só candieiro. Naquele momento o menino já estava atravessando, e eu disse para compadre Miguel: "Compadre, me leva em casa, precisamos ir para o hospital porque o bebê tá atravessado". Aí a voz começou a brigar comigo: "Por que é que tudo o que você sabe, você fala?".

Voltei para o quarto, e tinha uma luz que ia guiando minha visão. Senti essa luz bem perto de mim, como se fosse uma pessoa mais baixa que meu ombro. Ela me dizia: "Vira, bota a mão". Fui ficando dormente e não fui mais me dominando, fiz lá um movimento dentro do ventre dela, e o menino nasceu. Eu não tinha quase mais força, de novo me senti fora do chão. A comadre olhou pra mim e disse: "Oxenti, a senhora tá parecendo o próprio coração de Maria". Eu estava muda e calada, não podia falar, eu era apenas um instrumento de Deus, só fazia limpar a boquinha do bebê. Foi outro milagre!

Sempre que estou doente, essa voz chega onde eu estou e me dá as instruções do que tenho que fazer. Um tempo atrás, tive um problema que eu tive que ir pro hospital e, ao chegar lá, me aplicaram o tal do Buscopan. Passei mal e o médico mediu minha pressão. A voz chegou perto de mim e disse: "Vomita, tira a chapa e vomita". Fiquei só escutando a voz, o médico mandou chamar ajuda, achando que eu estava morrendo. E a voz seguiu gritando: "Tira a chapa e vomita! Vomita!". Demorou um pouco mas eu consegui tirar, enfiei no sutiã e comecei a vomitar. Não deu dez minutos, eu fiquei boa.

Uns dezesseis anos atrás, tive uma vizinha falando aqui na minha porta: "Zezé, corre lá que a minha mãe soltou a bombinha do inalador". Quando cheguei, a mulher faleceu na minha mão. Aí eu tive um AVC, um derrame, e acabei indo parar no hospital. Não tinha cama para me colocarem, me puseram na cadeira e me colocaram um balão de oxigênio. Eu me via do outro lado do hospital, via meu corpo de fora, via os médicos de branco falando comigo, só que o meu corpo eu não estava sentindo. Aí a voz apareceu novamente e salvou minha vida. Ficava repetindo: "Reage, reage, Zezé!

Bata palma e bata o pé". Eu pensava que estava morrendo, e estava mesmo, mas consegui reagir de tanto a voz insistir. Hoje eu tenho certeza: tanto nos partos como na minha vida, eu nunca estou sozinha. A gente só acredita quando acontece com a gente. Quando você vê o milagre, começa a acreditar no quc o povo fala.

Respeito muito a natureza porque ela é sábia, ela transforma a gente. A gravidez é a natureza, a gestante é a natureza, a natureza tem tudo a ver com a gravidez. Quando o globo da Terra gira, a mulher sente o giro também. Falam que quando a baleia perde a cria, as mulheres não se sentem bem também, acontece muito aborto, muita perda. Porque a baleia é um ser ancestral. Na lua nova e na lua cheia, nasce muito bebê, mais homem, menos menina na lua nova. Então a vida e a natureza andam de mãos dadas. A natureza é cíclica assim como a vida. Por isso tenho uma ligação muito forte com a natureza: quando eu saio, quando eu chego, agradeço muito, a natureza está sempre me enchendo de vida nova. A natureza é muito importante pra gente que é parteira, faz parte do nosso cotidiano, do nosso dia a dia, sem a natureza ninguém vive. As parteiras e as benzedeiras são parte da natureza.

Pegar a criança com carinho pode ajudar o mundo a melhorar. É um trabalho muito importante, ajudar as crianças a nascer, ajudar a criar. É um legado que a gente guarda, porque tem coisas que não tem nem como ensinar, tem coisas que são de outra ordem, que nem dá pra ficar ensinando. Mas tenho uma neta, tento ensinar, perceber aquelas mulheres que nasceram com o dom de ser parteira. Então, pegar a criança é desde o começo da gravidez até ela viver junto com a gente na nossa comunidade. Temos um legado que é da nossa comunidade, uma forma de trazer pessoas ao mundo que jamais deixará de ser importante. O que dá pra eu ensinar eu passo, mas aquilo que é meu, que eu vejo, que chega perto de mim, é difícil até de contar.

Quando uma criança nasce em um ambiente tranquilo, sem muita claridade, com uma família estruturada, que orienta, está presente e dá carinho e atenção, esse bebê vai acabar se tornando uma pessoa ótima. Mas, hoje em dia, muitos se tornam adultos rebeldes, solitários, depressivos, e até gente ruim, que faz tudo errado, porque não recebe nada disso ao nascer, só frieza. Aqui, quando nasce uma criança, a primeira coisa que faço é apresentar ela pra Deus, peço pra natureza e pra luz do Espírito Santo guiarem a vida dela, que ela tenha uma boa educação, que converse com os pais.

O principal motivo por que as mulheres me procuram é a falta de conhecimento. Então eu me dedico a educar, a ensinar, a dar força pra elas, a ajudá-las a encontrar a coragem. Outras questões que perturbam nossa comunidade são a cachaça, a droga. Então também sou muito procurada para orientar questão de família, para além da gravidez. Sou uma mulher que sabe escutar. Porque, quando eu falar, pode ter certeza que vou saber o que eu estou falando.

As mulheres me procuram na gestação, quando estão de briga com o marido, quando precisam aplacar a fome, então sei de tudo o que acontece e me preocupo com isso, principalmente quando alguém está passando fome. Agora mesmo, eu estou muito preocupada, muita gente sem emprego, passando fome, e o que eu ganho é tão pouco para ajudar. Eu sempre digo a elas: “Deus proverá”. E, no fim, vai dar tudo certo.

As mulheres precisam começar a assumir a reconstrução da sociedade, sendo prefeitas, vereadoras, professoras, assumindo um novo papel, além de ser dona de casa, mãe de família. A sociedade está começando a ver a gente, precisando da gente. A mulher é um fenômeno, para além do cuidado e da dedicação. O nosso poder é imenso, como a força das águas, do fogo, da terra.

MARIA FILOMENA PEREIRA

Conhecida como Filó, nasceu em Santa Rita do Sapucaí (MG) mas vive e trabalha em Águas de Lindoia (SP). Desde que se mudou pra a estância mineral, em 1983, trabalhou como doméstica, prestou serviços de limpeza para a rede hoteleira da cidade e teve a própria malharia. Em 2009, voltou a estudar e transformou a leitura em um dos seus maiores prazeres.

9

RELACIONAMENTO ABUSIVO, ABORTOS ESPONTÂNEOS, INTERSEXUALIDADE E O PODER DAS ÁGUAS MINERAIS

Já era minha quarta gravidez, porque perdi a primeira, perdi a segunda e perdi a terceira. Sempre que chegava o terceiro mês, eu perdia. Eu estava grávida de novo, mas não contei nada para ninguém, só para o meu marido. Esperei passar o quarto mês para fazer exame, porque eu sempre perdia. Então fui ao laboratório e deu negativo, mas eu estava grávida, dava pra ver a barriga, eu não menstruava. O médico me garantiu que estava tudo bem, foi uma gravidez normal, não tinha sintoma nenhum, nem enjoo eu tive. Eu ia ao consultório toda semana, e o médico dizia pra eu esperar mais uma semana. Esperamos a mudança de lua, o bebê não deu sinal, então me internei, e foi feita a cirurgia. O parto aconteceu no dia 23 de outubro, bem no dia de hoje, num dia como este, em que estou contando tudo isso para vocês.

Durante a gravidez, minha cunhada queria saber se era menino ou menina, mas eu não estava muito preocupada com isso. Naquela época, não tinha ultrassom nem em Águas de Lindoia nem em Monte Sião, só em Jacutinga. Então, acabei indo pra lá. Quando o médico terminou de fazer o exame, perguntou se eu queria saber o sexo, e segui dizendo que não. Mesmo assim, ele falou que era 95% de chance de ser uma menina, mas quando ele nasceu ninguém soube dizer o sexo. "Preciso registrar, dar nome", eu dizia. Os médicos disseram que eu precisaria esperar dois meses para ver como o sexo da criança ia evoluir.

Uma semana depois, comecei a notar que ele (ou ela) estava diferente. Acabei registrando o bebê como menino, porque claramente não era menina. Só que, com quinze dias de vida, ele (ou ela) mamava e vomitava, não conseguia engordar. Já tinha perdido meio quilo e seguia perdendo peso a cada dia. Levei o bichinho para o hospital, e ele ficou internado, só vomitava, ninguém descobria o que era. Fui encaminhada para um outro hospital em Amparo, e lá internamos de novo. Eu fiquei quinze dias lá com ele, com ela, era pele e osso, tadinho. Não tinha mais onde colocar soro. Uma tristeza! No fim o bebê faleceu em 16 de dezembro, e eu sem entender nada. Só agora eu entendo.

Aí eu fiquei grávida de novo, pela quinta vez, e perdi de novo. Pensei: "Não quero mais ter filho, se for pra ter, eu adoto". Mas, logo depois dessa resolução, fiquei grávida mais uma vez. E foi outra gravidez sem problema nenhum. Mas a Natália demorou para nascer, teve que ser cesárea. De novo fiz ultrassom, mas não quis saber o que era. Meu médico falou: "Se seu bebê nascer com o mesmo problema do outro, vou laquear você, tá?". E eu concordei. Eu estava meio grogue da anestesia, só lembro do médico falando: "Filó, vou laquear você". E eu disse: "De novo? A mesma coisa?". E ele fez que sim com a cabeça. Então, ficamos no hospital de novo por algum tempo, e todo mundo falando na minha cabeça. Foi muito desafiador.

Na semana em que ela ficou internada, eu levava leite pra ela todo dia até ter alta. Quinze dias depois, ela estava de novo perdendo peso em casa. Meio quilo, igualzinho o bebê anterior. E de novo aquela dúvida se podia batizar ou não, se era menino ou menina. Eu não queria perder ela de jeito nenhum. E acabei sendo encaminhada para a Unicamp [Universidade Estadual de Campinas], com muito pouca chance de vingar. Já não dormia, porque tudo o que colocava na boca dela, ela cuspia. Acabei registrando como menina, porque era um pouco diferente do outro, tinha ovário e útero. Quando cheguei ao pronto-socorro, a primeira pergunta do médico foi se eu tinha registrado. Eles diziam que não podia registrar, que tinha que esperar para ver que sexo ela ia preferir, os hormônios do corpo iam apontar. Não dava pra saber ainda se era menino ou menina.

Depois dos exames, eles falaram que eram muito grandes as chances de ser menina mesmo, por ter útero e ovário, mas ela precisaria ficar no hospital pra gente descobrir o que estava acontecendo com a nutrição dela. E foi feita uma batelada de exames, até descobrirmos que ela era perdedora de sal, não conseguia reter o sal no corpo. Ela eliminava o sal pela urina, explicou a professora da Unicamp que trata dela até hoje. Então, hoje, eu consigo perceber que deve ter acontecido a mesma coisa com o bebê que eu perdi antes dela. A Natália se salvou porque toma um medicamento importado que ajuda a manter o sal, e isso normaliza a digestão. No fim das contas, a médica disse que o outro bebê certamente era outra menina, e não um menino. Levou uns seis meses para a Natália ficar bem de verdade, mas ela foi vingando. Tomou sal com água na mamadeira durante muito tempo. Só pude tirar o sal quando ela começou a comer e, mesmo assim, ela pedia pra colocar sal em tudo. Acho que o corpo dela pedia. Até pra comer uma maçã a Natália ainda coloca sal. Quando vamos pro mar, ela tem vontade de engolir a água. Mas foi acertado o medicamento, que o governo fornece, mesmo estando sempre em falta e sendo um medicamento bem caro. Outro tratamento com remédio de farmácia que ela faz e terá que seguir fazendo é para equilibrar os hormônios, porque o corpo dela produz muito hormônio masculino.

Minha filha tem dificuldade de lidar com barulho, ela precisa ficar na natureza, se sente mais equilibrada, mas ainda tem muito problema com ansiedade. Foi quando a gente começou a tratar com os banhos de água mineral, porque ela também tinha muita infecção urinária. Teve também uma ferida no colo do útero, com suspeita de câncer. Ela foi muitas vezes se tratar no balneário aqui de Águas de Lindoia. Ajudou demais, porque ela conseguiu passar por todo o tratamento sem grandes problemas. Ela gosta muito de ficar sozinha, descansar, e a água mineral fez muita diferença na nossa vida. É um método prolongado, tem que tomar banho com frequência, e aí faz muito efeito. Ajudou a curar a ferida no colo do útero, as infecções, a ansiedade. Nunca esqueço do médico falando pra ela: "Jovem, você acredita em Deus?". E ela respondeu: "Minha religião é o amor". Então ele contou pra gente que tinha visto um anjo com quatro asas atrás dela, e eu acredito, porque nós somos muito abençoadas. Foi por muito pouco que não precisamos operar o útero da Natália. Ela toma hormônios até hoje, não menstrua, não pode parar para menstruar. Os banhos com água mineral foram um tratamento paralelo, que ajudou com as dores; as coisas foram e seguem se resolvendo. A própria vida se encarrega de nos mostrar os caminhos.

A Natália sempre foi muito moleca, gostava de carrinho, jogar bola, bicicleta, luta. Até hoje tem aqui em casa uma caixa com os carrinhos que ela gostava de brincar na infância. Sempre desprezou as bonecas que eu comprava pra ela. E sempre tinha aqueles comentários maldosos que as pessoas faziam, com que a gente precisou lidar a vida inteira. "Deixa a Natalia ser ela mesma, o que os outros falam é problema deles", a médica dizia, e incorporei isso: "De mim e da minha filha eu que sei".

Ela segue a vida normalmente, mas às vezes fica incomodada com a medicação. Às vezes, ela se pergunta: "Será que eu vou ter cura? Ou vou tomar remédio pra sempre?". Então, foi preciso um trabalho psicológico também, para se aceitar, para ela mesma abraçar quem ela é. Estamos aqui para aprender o que for para aprender. Ter os dois sexos não é uma aberração, mas ela sofreu muito com bullying na escola. Ela se vestia mais como um menino, e as pessoas ficavam falando que ela era menino, porque ela não gostava de maquiagem e boneca, essas coisas. Hoje, ela até usa roxo, mas rosa, nem pensar. A cor que ela gosta mesmo de usar costuma ser o vermelho.

A Natália está com 28 anos, é bem resolvida com sua sexualidade, mas outro dia mesmo veio uma pessoa me perguntar se ela era gay. Fiquei tão aborrecida porque era gente da família, sabe? Sua filha isso, sua filha aquilo. Ela pode ser o que ela quiser, vai continuar a ser minha filha, e eu vou validar todas as suas escolhas e aplaudir as suas conquistas.

Não preciso de ninguém para me dar opinião ou julgar qualquer coisa. A sorte é que a Natália tem uma cabeça ótima, amigos e amigas gays, e isso não é problema pra mim. Acho que o mundo está melhorando nessa direção. Mas, aqui no interior, o povo caipira ainda é bem fechado, nós sofremos diariamente muito preconceito. Não sou hipócrita de dizer que acho lindo homem com homem, mulher com mulher, ou o que for, porque eu sou antiga. Na minha geração a gente não convivia com essas questões, era tudo escondido. Só que eu respeito muito as pessoas. Acho que o respeito tem que existir acima de tudo, é isso que conta, vem em primeiro lugar. Meu marido tem uma irmã que gosta de mulher. Minha irmã, depois dos cinquenta anos, resolveu arrumar uma mulher também. Foi ela que acompanhou a Natália muitas vezes, levava ela para jogar bola, na natação, essas coisas mais físicas. Para a família foi um escândalo, porque alguns são evangélicos. Mas a gente precisa respeitar as escolhas, experiências e preferências de cada pessoa. Ninguém sabe o que é viver no corpo do outro. Cada um só sabe da sua vida, das suas escolhas. Somos todos filhos de Deus. Se Jesus fala para amar o próximo, tem que ser qualquer tipo de próximo. Quem sou eu, ou você, para dizer o que é certo ou errado?

Eu tinha também uma tia chamada Cida, que morava na roça. Naquela época, a gente morava tudo na roça, no meio do mato mesmo. Sinto tanta falta! Ela passava na rua e as pessoas falavam: "Olha a Cida com calça de homem!". De repente, essa minha tia fez uma cirurgia e passou a se chamar Rubens, passou de Maria Aparecida para Rubens. Depois de um tempo, não quis mais ser Rubens, e voltou a ser Maria Aparecida. Foi estudar medicina e tudo. A tia Cida passou a vida se mudando de cidade e de sexo. Depois que a Natália nasceu é que muitas histórias vieram à tona. Havia muitas pessoas como minha filha na minha família e na família do meu marido. A tia Cida também era hermafrodita, igual a Natália. Minha mãe nunca conversou sobre essas coisas com a gente, naquela época não tinha abertura para falar.

Um dia, nós ficamos sabendo que a tia Cida teve aneurisma e ficou sete meses sem memória. Aí, quando a Natália nasceu, a gente começou a investigar, e eu quis conversar com ela. Ela me falou assim: "Se eu contar minha história, sua filha vai curar?". Respondi: "Não sei dizer". E ela disse: "Então prefiro não dizer nada". E eu respeitei. Parece que a tia Cida menstruou uma única vez na vida. Na época dela, os tratamentos que minha filha fez não estavam disponíveis e acessíveis. Com tudo isso, a família não aceitava minha tia. Ela não confiava em ninguém, não contava nada para ninguém. Foi o médico quem contou que ela era hermafrodita. Ela teve muitos problemas, coisas sérias. Se envolveu com drogas, bebia muito. Gastou todo o dinheiro dela. Ninguém a compreendia ou aceitava — afinal, ela não pertencia a caixa alguma. Não cabia na família, nesse conceito de ser humano restrito que a gente se tornou. E eu estou aqui, dizendo tudo isso, porque acredito que expressar e conversar ajuda; não digo que vai curar, porque talvez a cura seja apenas dar espaço para o diferente, mas é conversando que tudo se transforma, que vamos digerindo, integrando as emoções, formando laços respeitosos com as outras pessoas. Ninguém é perfeito e saudável quando olhamos de perto.

Teve também um outro caso, da irmã do pai da Natália, que, quando nasceu, foi batizada no centro espírita. Eles batizaram como Maria Aparecida ou João Batista, dando opção de nomes, porque não sabiam o sexo ainda. Mas tudo isso a gente não sabia. A mãe do meu marido ficava trancada no quarto para cuidar da criança, para que ninguém visse quando ela estivesse trocando de fralda. Depois, foi operada, mas falavam que era cirurgia de apendicite.

Minha filha precisou fazer uma plástica também, teve que fazer algumas correções, logo de bebê, com dois anos e sete meses. O clitóris era aumentado. Um dia, eu lembro, a Natália falou: "Mamãe, eu tenho pipi?". E eu respondi: "Filha, não, é por causa da tua doença". Então, sempre que aumentava um pouco, se ela se sentisse incomodada, a gente tinha que fazer uma microcirurgia plástica. Mas foram só duas vezes que a gente teve que fazer. Na verdade, não havia problema nenhum, era só diferente do que as pessoas consideram normal. Talvez, tanto o clitóris aumentado como a falta de sal sejam desequilíbrios da nossa sociedade aos quais o corpo dela deu forma. Percebem?

A Natália era muito apegada ao pai. Mas, no meio dessa questão toda da saúde dela, a gente precisou se separar. A gente ia e voltava muitas vezes. Ela sofreu muito, minha filha, porque, cada vez que eu ia embora de casa, arrancava ela do pai. Mesmo que fosse certo eu ir embora, e eu precisei fazer isso por sobrevivência, sei que foi sofrido pra ela. Eu também fui péssima com ela em alguns momentos, queria que ela fosse para a escola, que usasse a roupa que eu escolhia, que se comportasse de um jeito, que pudesse se encaixar no contexto.

A Natália é supersensível e absorve muito as coisas negativas das pessoas que estão ao redor, fui entendendo depois. Quando começou a pandemia, pedi ajuda para lidar com esse lado psicológico. Nisso também os banhos de água mineral ajudaram bastante a gente, a relaxar e aceitar as coisas como são. A água mineral é muito amorosa e flexível, ela aceita qualquer corpo. Ela recebe qualquer diferença. Eu enfrento, nós estamos enfrentando tudo isso. A Natália teve vários namorados, ela está gostando do trabalho. Ela é ótima, solta, cheia de amigos, uma pessoa bem social. Falo pra ela e pra vocês também: não percam tempo de vida. Não importa com quem você quer ser feliz: homem, mulher, ou o que for. Vai ser feliz!

Por aqui, a gente segue lutando pela sobrevivência e também para sermos aceitas. O pai da Natália está sempre com uma mulher diferente, e quando a gente era casado ele me traía muito. Tem até uma suposta irmã da Natália, que a gente não tem certeza. Ele me traiu com uma vizinha e ainda levava a Natália junto. Colocou a Natália em situações em que ela se sentia muito desconfortável, desde pequena. Já bateu na cara dela. Como querer ser uma mulher, né? Com tudo isso que uma mulher precisa carregar. E como ser homem, se também os homens estão com a masculinidade tão doente? Na minha família já teve também homem que molestou mulher. Meu marido falava que eu era um zero à esquerda, que não ia conseguir cuidar da minha filha sozinha. Ele chegou até a me desenhar morta em cima da mesa. Foi difícil conseguir me soltar do meu ex-marido. Ele era muito tóxico, só me colocava para baixo. E o tal desenho, da mulher morta em cima da mesa, fui descobrir depois que era da Tarsila do Amaral. Porque agora eu leio, eu estudo.

Então, pensa comigo: um corpo igual ao da Natália, que tem essa confusão de gênero, não sei nem se é um problema. Talvez seja a própria solução, uma forma de fazer o mundo enxergar a realidade. E só o que posso dizer é: você é você, eu sou eu. Nunca tente entender ou julgar o que se passa do outro lado. Isso cria barreiras entre as pessoas. Isso afasta a gente do outro. Comecei a não dar mais atenção para o que as pessoas falam. A gente não pode ser o que os outros querem que a gente seja.

Depois de tanto trabalhar de faxineira e empregada doméstica, ainda consegui dar a volta por cima, me separei e fui estudar. Hoje eu amo ler e escrever. Consegui colocar a raiva para fora estando junto da natureza, lendo, tomando banho com a água mineral. Comecei a me colocar no lugar da minha filha, até mesmo do meu ex-marido. Hoje não tenho nenhum remorso ou coisa mal resolvida com eles. Até hoje, quando as pessoas perguntam pra minha filha sobre a sexualidade dela, não sei dizer o que ela responde, mas acho que o problema está muito mais na necessidade que as pessoas têm de encaixar os outros do que no corpo dela.

É tanto problema no mundo, né? Se eu fosse dar um conselho pra alguém, eu diria, claro que votar é importante e necessário, mas não perde muito tempo com Lula e Bolsonaro, o negócio é colocar a mão na massa. Se você está ajudando alguém, está mudando o mundo. Só votar não adianta.

CREUZA KADIWÉU

Líder da Associação das Mulheres Artistas Kadiwéu (Amak) da Aldeia Alves de Barros, em Porto Murtinho (MS).

10

A UNIÃO ENTRE MULHERES E A PINTURA CORPORAL: A AVENTURA DE VIVER COM

Meu nome é Creuza, sou da etnia Kadiwéu, mãe de três filhos. Não posso deixar de dizer que um deles foi assassinado aos 22 anos. Sou presidente da Fundação Amak, a Associação das Mulheres Artistas Kadiwéu, aqui na Aldeia Alves de Barros. Represento a mulher artista, que luta pelo seu trabalho e pelo seu território, que defende a sua arte e o direito de ser quem é. No mundo ainda existe muito preconceito e discriminação, mas jamais vou desistir de mim e da minha gente. Aqui na minha aldeia, recebemos todo mundo muito bem, mas não é assim que somos recebidos na maioria dos lugares aonde vamos quando saímos daqui.

Meu nome indígena é Axapije, que tem a ver com a Guerra do Paraguai. Ficamos por último, de um lado para outro da margem, habitando uma terceira margem, melhor dizendo, "beirando o rio". Os conflitos e as guerras não são mais como antes, mas ainda continuam existindo, em especial por conta da disputa pelo território. É difícil de acabar, ainda estamos vivendo a mesma luta — não somente os Kadiwéu, todos os povos do Brasil e de fora do Brasil, tenho certeza disso. Não tenho leitura, não falo português tão bem, não tenho acesso a tanta tecnologia, mas sinto e sei certas coisas. Essas disputas continuam no nosso dia a dia. Todo dia é uma luta diária para podermos existir. A questão do desmatamento, por exemplo, são coisas que a gente sente no coração, que nos entristecem. Tantos seres ali, lutando pela sobrevivência, tantos irmãos, parentes buscando uma terra viva para viver em cima, um território para cuidar. Somos muito honrados por termos uma terra grande. Jamais desmatamos, pelo contrário, preservamos a diversidade, não aceitamos violência contra nenhum tipo de ser. Vivemos com o Outro. Sem a natureza, não podemos existir. Sobrevivemos entre a caça e o cultivo, fazemos parte do meio. O meio faz parte da gente. Como poderemos viver sem a guavira, uma fruta deliciosa que dá em novembro e dezembro por aqui? Ou sem o pau-santo, que encontramos no meio do mato?

Quando começou a pandemia, paramos de vender as cerâmicas, foi difícil, não houve mais saída para o artesanato. Então partimos para a lavoura, nos dedicamos à roça. Conseguimos vender mandioca, comercializar para fora da aldeia. Primeiro, a gente plantou três mil pés, e depois passamos para cinco mil. Seguimos nessa união, juntando a força das mulheres da associação. Sozinhas ficamos de mãos atadas, mas juntas podemos fazer muita coisa. Este ano também vamos colher melancia.

Depois que perdi meu filho, eu estava muito derrubada, queria desistir da vida, falei pra mim mesma que ia desistir do artesanato, das pessoas. Ele foi morto dentro da aldeia, foi um grande choque pra mim. Mas 22 mulheres perceberam que eu estava precisando de ajuda, e foram na casa do cacique. Eles me convidaram para criar a associação, liderar as mulheres, arrumar uma forma de unir nossas forças e nossos talentos para dar um sentido novo às nossas vidas. Foi assim que fundamos a Amak. Hoje, acho que a maioria das mulheres da aldeia respeita e participa da associação, nosso movimento cresceu bastante aqui.

No passado, a gente sempre se reunia para pintar o corpo uma da outra. Normalmente era na casa do cacique ou do pajé. Na época em que vivemos a Guerra do Paraguai, os homens saíam para a guerra ou para caçar, e as mulheres se reuniam para fazer suas artes do corpo, principalmente por conta da pintura. Quando as mulheres sabiam que os maridos ou filhos estavam para chegar das visitas aos outros territórios, já começavam a se pintar. Pintavam eles também para a caça. E era uma forma de trocar desenho, sabedoria, experiência. As que pintam conversam entre si, mas a que está sendo pintada fica quieta para assimilar a pintura. É uma forma de criar um ambiente de intimidade para falar e aprender. As mais velhas pintam as meninas adolescentes e já vão explicando como é a vida de uma mulher kadiwéu. É assim que cresce o elo de mulher para mulher: uma forma de iniciação, os aprendizados vão sendo passados junto com a tinta.

Para fazer a tinta, usamos o jenipapo mais verdinho, vamos colocando água e amassando com pedra. A própria fruta vai criando um líquido. Depois é só colocar carvão macerado. Ele ajuda a segurar o jenipapo na pele e também serve para deixar a tinta mais escura. O jenipapo é uma tinta azul, mas a pintura às vezes só aparece no dia seguinte. Depende da pele, da pessoa e do momento, fica alguns dias, ou pode nem pegar. Eu me pinto e sempre pega, mas as mulheres brancas que eu já pintei, professoras da universidade, não era sempre que pegava. Fui descobrindo que as mulheres brancas passam creme hidratante, e é por isso que a pintura não pega. Não pode passar creme hidratante. Se você quer se pintar, tem que tomar banho só com sabonete, deixar a pele nua ficar com seu cheiro, com a sua própria textura.

Temos desenhos específicos para cerâmica e outros para o corpo. Tem desenho que vai melhor no corpo, e tem outros que vão melhor na cerâmica. Hoje em dia, só nos pintamos em datas comemorativas. As pinturas têm alguns significados: a escada, por exemplo, é o crescimento, e o espiral é a evolução. Mas de muitos desenhos nós não sabemos, e não queremos ficar entendendo tudo não. Desenhamos o desenho pelo desenho. Alguns dizem que tem ligação com as famílias, mas eu consultei um ancião e ele disse que nossa etnia é uma família, então a gente tem que honrar o que é nosso, usar nossos desenhos, nossos símbolos, nossa grafia comum, e ela nos une enquanto povo. Cada desenho precisa ser honrado, mesmo sem saber o significado. Os desenhos são o movimento da vida, da natureza.

Feminismo é o mesmo que feminicídio, será? Eu sempre participo de palestras, mas não lembro o que é a palavra "feminismo". Acho que a mulher tem que ser valorizada. E, às vezes, vai pro lado contrário também. As mulheres querem ser iguais aos homens, mandar em todos. Existe também o ciúme, a comparação e a competição entre mulheres, isso acontece muito, mas não é bem por aí. No passado, os Kadiwéu eram muito machistas. Hoje acho que a mulher tem mais liberdade, mas, no meio das mulheres kadiwéu, as que mais viajam somos eu e minha irmã. Quando a mulher sai sozinha, as pessoas ainda dizem que é motivo para o marido poder achar outra. É um preconceito, eu nem ligo, não me preocupo. Mas, ainda hoje, várias mulheres kadiwéu não têm incentivo dos maridos para participar das coisas, ter sua vida, sua arte, tomar suas decisões. Agora está melhor, mas é difícil uma mulher casada sair pra São Paulo, Campo Grande, que nem eu faço, estou sempre pra cima e pra baixo. Ainda tem muita mulher que depende do marido por aqui. Hoje mesmo eu falei pro meu marido: "Eteuvino, tô cansada". E ele respondeu: "Mas por que você precisa trabalhar tanto? Descansa, mulher!". E eu disse: "Porque eu não quero depender do seu dinheiro. Quero ter o meu". Eu repito sempre para a Adriele, minha filha: "Não dependa de homem". É bom ter o seu, porque senão, um dia, o cara joga na sua cara, e você não pode ser totalmente livre. O dinheiro que vem do outro começa a impor coisas, e a gente vai começando a ficar atada e refém.

Aprendi a pintar com minha avó, a sogra da minha mãe; as pessoas chamavam minha avó de Baianinha, ninguém sabia o nome indígena dela. Minha mãe era guerreira, Joana; aprendi muito do que sei vendo ela se pintando. Nossa profissão é a nossa arte. Tenho muito orgulho de ser uma mulher artista. Procuro ensinar não somente minha filha, mas todas as jovens, mesmo que, hoje em dia, ninguém mais queira aprender. Por isso que a associação é importante. Ensino às mulheres mais jovens a importância de manter a nossa cultura feminina viva. Inventamos novos desenhos sem deixar de honrar os antigos. Estamos vivas e temos o direito de criar também, e o compromisso de preservar o que nos foi ensinado.

Aqui na Aldeia Alves de Barros perdemos muitos rituais. No passado existiam inúmeros, mas agora não tem mais nem pajé dentro da aldeia. Perdemos muito a nossa cultura tradicional quando a igreja evangélica entrou aqui. Nós, mulheres, por exemplo, não pintamos mais o corpo, tem que andar coberta, não pode nem mostrar o ombro. É só nas festas que a gente se pinta, no Dia do Índio, e pinta nos lugares do corpo que estão à mostra. Tem só uma pajé mulher aqui, e ela vive escondida, pra lá e pra cá, que nem uma assombração, com as suas práticas. Ela tem sangue de pajé, que vem do avô dela, e guarda essa herança no coração.

A pintura ajuda a manter o corpo saudável, e percebemos quando alguém está doente: muitas vezes alguém fica anêmico, a pintura simplesmente não pega. Ela também funciona como uma forma de vestir o corpo para um motivo especial. Não nos sentimos peladas quando estamos pintadas. Estamos vestidas da nossa cultura. Eu sempre valorizo minha obra de arte como mulher guerreira, indígena, batalhadora. Para nós, a pintura é o símbolo de uma etnia, sempre à disposição e fiel ao nosso território.

Precisamos do nosso território e ele precisa da gente. O que sinto dentro do meu coração e ressalto, em nome das mulheres guerreiras kadiwéu, é a importância do território, da nossa ligação com a terra, os nossos banhos de rio, a valorização, o cuidado e a proteção mútua. A caça, o cultivo, a matéria-prima, os animais com quem convivemos, isso tudo é a nossa vida. Somos nutridos pela terra e por isso queremos bem a ela, cuidamos dela. Cuidamos da nossa vida, não ficamos dizendo para ninguém como tem que fazer as coisas, nem julgando o que acontece do lado de fora. Só queremos ficar em paz. Eu queria deixar esse lembrete: a importância de preservar a terra, o nosso território. É aqui que criamos nossos filhos, que pegamos um pigmento aqui, outro ali, no fundo da lagoa, cavoucando na beira do rio. Tem o pau-santo, que extraímos da região do Pantanal e usamos como resina, como cor preta na pintura em cerâmica, como remédio para diabete e anemia, para produção de incenso e outras tantas coisas. A guavira e o jenipapo são frutas maravilhosas. Tem também o carandá, um tipo de coqueiro, cuja palha usamos para fazer leque. Tem o próprio barro, que serve para fazer e pintar a cerâmica, diferentes cores, dentro mesmo da nossa casa. O território é a nossa vida, nosso lugar. É uma extensão de quem somos.

Quando os homens vão caçar na mata, eles trazem cateto, às vezes anta, peixe, mel de orofa e jati. Cada grupo que caça divide o que conseguiu entre si. Hoje, já temos água encanada, mas gostamos mesmo é do banho de rio. Protegemos a terra e nos preocupamos muito com as queimadas. No último mês de agosto foi feio, perdemos muita coisa; guavira mesmo quase não teve. O fogo, penso eu, vem do fazendeiro, não do indígena; eles queimam para fazer pasto.

Sobre a origem do meu povo, o que sei é que saímos de um buraco, de dentro da terra. Deus chamou e nós respondemos. Ele nos colocou num lugar, mas éramos teimosos e seguimos mudando. Aí Deus falou: "Vocês são nômades". O Kadiwéu chegou a pé no mundo e não parou mais de caminhar. *Aquidawana* quer dizer "rio estreito", porque o meu povo seguia a beira desse rio, parando nos lugares onde tinha caça e pesca. Mas então Deus teve misericórdia da gente, e hoje estamos morando nesta aldeia maravilhosa. É grande, e tem muito espaço pra transitar aqui dentro. Seguimos com o nosso jeito de viver. Seguimos nos movendo. Mesmo se meus filhos vão para cidade, quando nasce neto, eu trago para a aldeia. Não tenho pena, minha neta tem que aprender a ser uma mulher guerreira também. Para mim, ser guerreira é ser forte, lutar pelos direitos; é ser uma mulher valorosa no meio da comunidade, que causa o bem para os outros.

Tenho dificuldade de falar na língua português, aprendi só com sete anos, na sala de aula. No começo, eu não entendia o que o branco falava, mas fui aprendendo. Quero valorizar o diálogo, trocar com qualquer pessoa. Falar até pelo vídeo, quando precisa. Também estamos evoluindo, hoje em dia já sabemos o que é internet. A cada ano, a cada dia, a gente evolui. Seguimos sendo indígenas, mas somos enfermeiros, médicos, advogados, doutores, professores e outros tantos profissionais, sem deixar de ser índio, sem deixar de ser filhos da terra. Sempre reiteramos a nossa língua materna. Por isso, eu queria ensinar pra vocês a palavra *yonigyppe*, que na nossa língua significa "meus filhos".

CARMEN LÚCIA PRADO

Vive no sertão de Boiçucanga, em São Sebastião, Litoral Norte de São Paulo. É cofundadora do Papel do Quintal e do Escambau Cultura. Fabrica papéis artesanais em sua casa e é uma grande incentivadora da cultura local.

11

INTUIÇÃO E OFÍCIO: O PAPEL DE FIBRA DE BANANEIRA EM TERRA CAIÇARA

Meu nome é Carmen, tenho 63 anos e já moro aqui no litoral há trinta. Não sei traçar a minha miscigenação, mas, para muito além da descendência portuguesa, me sei amante da vida caiçara, dos costumes, da paisagem, das forças da natureza. A rua em que eu moro não tinha nome quando chegamos aqui, e também não havia luz elétrica oficial. Sempre moramos na mesma casa, onde havia um bananal que era o único que tinha sobrevivido, entre tantos da região que foram destruídos com o processo de urbanização.

Naquela época, eu era professora, mas logo que me vi envolvida com as formas de recuperar o bananal também conheci a possibilidade de produzir papel usando fibra de bananeira. Foi assim que comecei a me dedicar cada vez mais ao quintal. Quando participei da primeira oficina de produção de papéis artesanais e conheci os fundamentos do processo, percebi que sempre estive próxima do papel, que admirava a textura, o toque, as cores, os formatos. Um mundo novo estava se apresentando para mim, um mundo de fibras entrelaçadas que, ao mesmo tempo, me prendia e me abria outros horizontes. Foi assim que toda a história com o papel de bananeira começou.

Hoje, daqui do quintal, saem papéis artesanais feitos a partir de fibras naturais, podas e rejeitos que a gente colhe daqui mesmo, no entorno da Mata Atlântica. Há vinte anos sou papeleira, e há trinta tenho tentado contribuir para criar uma comunidade mais participativa aqui neste lugar, que se tornou meu povoado.

Minha atuação como ativadora cultural começou quando participei da organização do Festival do Folclore de Boiçucanga. Era uma coisa muito linda! A gente trazia grupos da cultura popular de todo o estado de São Paulo — folias de reis, congados, maracatus, bumba meu boi, cirandas — para interagir com a comunidade, que era formada por caiçaras e migrantes, nordestinos e sudestinos. A construção da identidade era uma questão para muita gente. Todos nós precisávamos aprender a viver num lugar diferente daquele onde havíamos nascido, respeitando, admirando e compartilhando saberes e fazeres. Aconteceram muitas rodas de conversa, brincadeiras tradicionais, tempo para fazer e partilhar o alimento. Muita gente envolvida. Foram dias de grande alegria.

Quando chegamos a um lugar novo, acabamos perdendo um pouco da bagagem no caminho, deixamos partes nossas no lugar de origem. E eu tinha acabado de me mudar para o pé da serra, junto ao mar e a uma comunidade remanescente caiçara que mal conhecia. O Litoral Norte de São Paulo estava vivendo um crescente processo de urbanização, e eu percebia que os moradores locais estavam se sentindo ameaçados com a chegada da rodovia e das construções com viés turístico, a migração em expansão, coisas que modificaram toda a paisagem e a dinâmica do lugar.

Foi essa busca por acolher nossa identidade em fricção que me levou para o campo da cultura. Eu queria ajudar a fortalecer o vínculo cultural local e fincar a minha raiz. Quando a gente perde a identidade, nosso livre-arbítrio fica prejudicado e a gente é manipulada com mais facilidade. Foi assim que, depois do Festival do Folclore, participei intensamente de outras tantas atividades para fortalecer o fazer comunitário.

O papel artesanal chegou na minha vida também como uma forma de realização. Desde sempre eu comprava livros e observava o tipo de papel. Muitas vezes escolhia o livro pela textura do papel. No curso, passamos oito dias inteiros fazendo papel, e senti que faria aquilo para o resto da vida. Passei mais cinco anos pesquisando, aprendendo mais técnicas, sem vender uma folha sequer, sobrevivendo de outras maneiras.

Fui entendendo que o papeleiro é um ser em extinção, que fazer papel artesanal era um ofício que mexia com coisas muito mais fortes do que a técnica em si. Desde a sua invenção, há milhares de anos, o papel teve a função de registrar, é suporte para certificados de amor e ódio, de propriedade e exclusão, de nascimento e morte. Os papéis são objeto de respeito e legalidade. É difícil contestar o que está no papel. O papel foi colocado num pedestal. É também um recipiente da memória, um receptor.

Todo mundo usa papel o tempo todo, mas faz uns vinte anos que começou a invasão das impressoras. Foi uma loucura, porque a quantidade de papel que era usado até então duplicou, talvez tenha triplicado. Eu estava começando a estudar a história do papel, fazendo pesquisas também com as fibras aqui da região. Foi nesse momento que resolvi transformar minha paixão em um negócio, em um empreendimento, e isso aconteceu com a entrada da minha filha. Eu e a Leila somos as criadoras do Papel do Quintal. Mas o papel que fazemos não é um produto com uma receita exata. Não pense que dá sempre certo, ou que vai ficar sempre igual. Por ser um processo artesanal, guarda modos de fazer muito próprios, importantes para a reflexão dos por quês e para quês.

A minha relação com essa alquimia é uma coisa que faz parte de quem eu sou — às vezes penso que ela me domina. Lido com o fogo, com a água e com a vegetação o tempo todo. Lido com essa transformação, essa química. Vou aprimorando, brincando com texturas, buscando equilíbrios e harmonias, mas não controlo o resultado integralmente. E esse é um dos principais fundamentos do artesanato: cada folha é única.

É uma opção nossa não crescer demais enquanto negócio, manter o tipo de equipamento que a gente tem, o mínimo possível para a produção. É uma decisão nossa de interagir com a natureza de maneira consciente. Jamais fazemos papel de uma bananeira ou de outra planta que não frutificou, que não tenha cumprido o seu papel de dar frutos. Usamos folhas secas, plantas já em processo final de vida. Também não acabo com o tronco inteiro, parte dele retorna à terra, para que adube a própria bananeira. Fazemos esse manejo o tempo todo, dentro do quintal, nessa plantação. O manejo faz com que o bananal siga se renovando. A gente usa a captação de água da chuva, temos um sistema que reduz de trinta a setenta por cento o consumo de água. Nossa água não é a da Sabesp [Companhia de Saneamento Básico do Estado de São Paulo], é de uma nascente com que temos a alegria e o privilégio de conviver.

Há muitos séculos existe bananeira aqui na região. Parte da produção era dedicada à subsistência da comunidade, e a outra parte seguia para Santos, para ser comercializada. Da palha, faziam trançados, chinelos, chapéus, esteiras. Isso também foi sendo quase abandonado, conhecimento que vai sendo esquecido, à medida que os bananais foram sendo substituídos pela urbanização, construção de casas e condomínios. Poucas pessoas ainda trabalham com os trançados de bananeira. Para transformar fibras em papel, tem menos gente ainda. Para nós é uma luta ser quem a gente é, nos manter artesãs. A gente vive disso, vive da produção de papel e da encadernação. Hoje em dia há poucos papeleiros no Brasil. Além da bananeira, usamos outras fibras da região, como lírio-do-brejo e bastão-do-imperador, exclusivamente de podas e rejeitos. Produzimos ininterruptamente.

Para cada cliente vai um papel diferente, que foi feito para ele, para atender às suas necessidades, e isso é delicioso. A natureza orienta toda a lógica da produção. Se eu colho a bananeira num dia de sol, as fibras estão de um jeito. Se as colho em dia de chuva, as fibras estão de outro. Elas respondem às transformações do tempo. Quando o tempo está seco, a bananeira cata o tanino e traz tudo para si, então a fibra dá até uma escurecida. Quando chove, o tanino estará solúvel naquela aguaceira toda que entra pela bananeira, e a fibra fica mais clara. Se uma bananeira demorou mais anos para produzir o cacho, a fibra fica mais endurecida. Se é uma bananeira que tem um crescimento mais rápido, a fibra fica mais macia. Então é o tempo todo uma participação, um diálogo com as forças da natureza.

Outra coisa que influencia é a lenha que uso para cozinhar as bananeiras. O tempo todo eu lido com as lenhas, é uma opção não usar lenha de eucalipto. Uso apenas lenha do quintal, que se faz disponível por meio do manejo. Prefiro sair catando lenha na rua com meus vizinhos, quando preciso, do que comprar produto de uma floresta que foi feita para ser queimada. São duras essas decisões, mas nos levam a um lugar que faz com que cada objeto produzido seja respeitoso, único — esse é o lugar da arte e do artesanato para mim.

Para tudo na vida precisamos de dedicação e técnica. Sempre que me falta inspiração, eu recorro à técnica e acabo tendo novas ideias. Estou sempre criando, buscando alternativas, mas não deixo de valorizar a técnica. Cada vez que repito um procedimento, coisas novas acontecem no percurso, já que a natureza é surpreendente.

Quando as pessoas me perguntam o que eu faço, respondo: "Papel". E então elas dizem: "E além do papel, com o que você trabalha?". E eu respondo: "Para além do trabalho, tem a vida". Então vocês podem perceber que falar sobre ofício é muito complicado quando o trabalho na sociedade capitalista está ligado à propriedade e à exploração, à desigualdade e à dor. Quando a gente fala de trabalho assalariado, ou trabalho na sociedade capitalista, com dia e hora marcada, décimo terceiro, férias e metas a cumprir, temos um conjunto de valores acoplados: trabalho entendido como recurso para aquisição de bens e mercadorias, não como ação de transformação para o benefício comum. Quando falamos em fazer papel artesanal e morar no litoral, estamos falando de outro conjunto de valores. Claro que também temos metas, horas de trabalho, prazos, desenvolvo as minhas técnicas, mas tenho uma liberdade que dinheiro algum pode comprar. Eu vivo do meu ofício, em conexão com meu propósito de vida, mas não sou refém dele. A liberdade da criação é o que me guia na minha dedicação.

A visão que a nossa sociedade tem do trabalho está muito ligada à dor, ao esforço, ao sacrifício, e não ao prazer. Acho que todo mundo que trabalha com arte sabe do que estou falando. Os artistas todos passam por isso, e os artesãos também — possivelmente, qualquer profissional que não queira se curvar às regras do capital.

A natureza tem outras leis, e a essas, sim, eu me curvo. Essas eu honro. A bananeira mãe, por exemplo, é a que dá o cacho. E logo ao lado dela já tem a filha e a neta. E isso é muito interessante, porque da mesma forma trabalhamos juntas, lado a lado, minha filha e eu. É um privilégio enorme trabalhar com a pessoa que você mais ama na vida. Pode até acontecer alguma divergência, mas a divergência estará sempre aquém do amor, o amor está em tudo por aqui. É um prazer enorme trabalhar assim.

Somos muito mais que uma empresa. Trabalho por amor à vida. E minha filha abraça toda essa parte que eu não consigo, é ela que coloca a cara na rua. Foi a Leila que me ajudou a desabrochar num momento em que achei que não ia mais dar cacho. Então devo muito à força dela na criação do Papel do Quintal.

No que diz respeito às mulheres, talvez eu tenha uma visão um pouco defasada das questões colocadas hoje como feministas. Lá na minha adolescência e na primeira fase adulta, época da universidade, conheci o movimento feminista e participei. Sou da geração que explicava para o namorado que não era mais virgem, que não tinha lugar para fazer amor. Sempre fui a favor do movimento feminista, participava de algumas passeatas, lia autoras feministas. Essas questões todas seguem muito marcadas no meu corpo. Nunca consegui usar sutiã e nunca consegui raspar a virilha ou o sovaco, por exemplo. O sutiã era um símbolo de opressão. Queimá-lo significava liberdade ao nosso corpo, o corpo como ele é, sem máscaras ou plásticas. "Nossos corpos nus pertencem" era muito mais que um trocadilho, era um conceito, um jeito de ser mulher.

Tenho certeza de que a mulher que sou é um produto daquela época. Mas sei que, hoje, as lutas são outras, embora algumas ainda, infelizmente, permaneçam, porque não conseguimos resolver. Sinto que nós passamos o bastão, e que a nova geração deve ir à luta por causas novas, porque o machismo é estrutural e se manifesta cotidianamente em violência, feminicídio, abusos e justificativas injustificáveis. É horrível perceber que o machismo se perpetua e segue acontecendo todo dia.

Consigo perceber que houve muitas conquistas, mas as mulheres ainda não podem sair sem a parte de cima do biquíni na praia ou num comércio, como os homens que vão ao mercado só de sunga. As mulheres ainda recebem menos que os homens pelo mesmo trabalho e mantêm jornadas duplas e triplas. As mulheres ainda são as responsáveis imediatas pelos cuidados com os filhos. Ainda são chamadas de mães solteiras, como se à mãe coubesse um estado civil. Ainda somos nós quem responde perante a sociedade por uma gravidez por acidente, indesejada, ou um aborto, enquanto os homens são dispensados das obrigações, validados até em suas covardias. Seguem privilegiados na hora de colher o fruto do próprio trabalho. Anticoncepcionais são feitos para a mulher, e o homem segue livre de tal responsabilidade. E por aí vai...

Não há como negar que a mulher tem um olhar muito mais abrangente que o do homem, um olhar mais sistêmico para as coisas. Eu me lembro de uma professora na universidade que justamente tratava da questão de gênero.

Ela afirmava que a "intuição feminina" era um recurso de sobrevivência, uma característica que a mulher desenvolveu para dar conta de tanta demanda e opressão. Por isso é tão ruim quando a gente diz que a mulher precisa ser forte. Às vezes, a gente não quer ser forte; a gente só quer ser respeitada pelo que a gente é.

Exercemos muitos papéis na sociedade — sem fazer trocadilhos, por ser papeleira, acredito em especial no papel que a mulher exerce na virada que a humanidade precisa fazer. Hoje se fala bastante em matrilinearidade, uma concepção estrutural de mundo onde a linha de direção, condutora, é dada pela mulher. E, muitas vezes, são mulheres que medeiam processos de cura, de transmissão do conhecimento. As mulheres são as guardiãs das sementes, geradoras de vida, mantenedoras do planeta. Desde as mais antigas sociedades, os homens fazem as cercas, aram a terra, tocam fogo, lidam com a morte. As mulheres semeiam, plantam, lidam com a vida. Mas esse tipo de mulher não tem bens, é quase invisível. É muito difícil perceber isso no sistema que a gente vive.

Na realidade que vivemos, a maioria dos caminhos que nós, mulheres, trilhamos leva a algum tipo de opressão. O sistema é de opressão de pessoas, homens e mulheres. Vivemos regras que oprimem todo mundo. Não vejo uma saída dentro desse sistema, mas, se estamos todos aqui, só vamos conseguir mudar juntos. Não sei como, mas juntos. É como jogar sua sucata no terreno ao lado: o planeta é um só. Estamos jogando nosso lixo no vizinho. A gente precisa lutar contra todas as formas de opressão para construir um sistema novo, uma organização mais diversa e justa.

Para mim, o papel da mulher é o mesmo que o papel do homem: criar pontes, encontrar formas de contemplar o coletivo e o individual ao mesmo tempo. Acredito muito nas revoluções moleculares, nas pequenas transformações do dia a dia, nas pequenas mudanças que acontecem nas nossas células, nas transformações individuais, mas também acho importantes os movimentos sociais, porque precisamos de força, de muito trabalho e ação para acelerar e legitimar politicamente as conquistas. Estou falando da força da comunidade, de formas não dicotômicas de fazer as coisas. Acredito que seja possível uma vida que tenha um olhar mais coletivo, igualitário, em que a felicidade não esteja na mercadoria e nem no mercado.

Há muitos anos, li um livro chamado *O último homem* [organizado por Marco L. Radice]. Falava sobre muitas das coisas que os homens precisam aprender, como não se colocar no lugar da primeira ou da última palavra, não achar que, por serem provedores, têm alguma autoridade perante a mulher e coisas do tipo. Afinal, se estamos tendo aprendizados múltiplos e nos aprimorando, os homens precisam melhorar muito mais.

Aqui da comunidade, eu sempre conto a história do Sr. Raul, que todo mundo conhecia como lobisomem. Era um homem bastante interessante. Um velhinho maravilhoso, pequenininho, que andava sempre com a sua bengala, esposo da Dona Risoleta, uma mulher que levava muito jeito com as plantas. Até hoje tenho plantas aqui que eles me deram. Eu saía da casa dela sempre carregada de mudas. As pessoas contavam que ele virava lobisomem nas noites de lua cheia, e eu acredito mesmo que isso acontecia. Moramos num bairro onde não tinha luz, então, nas noites de lua cheia, todo mundo se escondia com medo dele. Para ir de um lugar para outro, a gente carregava uma lanterna feita com latinha de leite em pó. Fazia um furo na parte de baixo e acendia uma vela dentro. Eu deixava a lanterna mocozada embaixo da ponte para não atravessar no escuro e ter certeza de que o lobisomem não estava por perto. Seu legado maior, no entanto, foi a plantação dos ipês-amarelos. O Sr. Raul plantou ipês dos dois lados da rua onde morava, porque queria que os aviões do alto vissem as flores em forma de cruz, como se formassem uma pista de avião. Sua rua era a mais linda de todo o Litoral Norte, conhecida como rua dos ipês. Ele era um velhinho porreta, tinha um lado animal e outro meio divino. Tomo banho de flor lá todo ano. Essas foram as verdadeiras pegadas deixadas por esse casal, que já se foi.

Como vocês podem perceber, eu pratico e admiro as coisas simples. Sou uma artesã, papeleira, aos 63 anos de idade ainda sem aposentadoria, vou ganhar muito pouco do governo quando estiver envelhecendo. Mas buscar a simplicidade é viver cada vez melhor com menos dinheiro. Isso é uma coisa que persigo há alguns anos. A simplicidade não é você se abster de comer uma boa comida, de vestir uma roupa confortável. Só que boa comida é a comida que a gente planta. Boa roupa é a roupa que é feita de forma sustentável, que é de algodão, que é de um produto que não vai destruir o planeta para me por linda.

Ter acesso às coisas é diferente de ter as coisas. A simplicidade vai nesse caminho do acesso. É muito mais importante o acesso do que a propriedade. Então, acho essencial ter boas condições de mobilidade dentro da cidade que escolhi para morar. Porque, se a cidade é mal resolvida na questão da mobilidade, vou acabar sendo obrigada a comprar um carro e poluir ainda mais o planeta. Aqui a gente anda muito de bicicleta, a pé.

Quando comecei a plantar, eu tinha a meta de ter no almoço, no café e no jantar no mínimo uma fruta, folha ou vegetal do quintal. E isso foi crescendo, crescendo... Hoje, a grande maioria das coisas que uso para cozinhar vem do quintal. Não acredito que este mundo onde a gente vive vai continuar existindo se continuarmos pensando somente na gente. Todas as nossas questões são coletivas.

Para além da simplicidade, que é uma das coisas que o papel vem me ensinando, também existe a beleza do erro. Eu erro muito, e o papel me ensina isso, atenção o tempo todo. Quando algo não sai da forma como a gente planeja, é preciso olhar por outro ângulo. Quando estou no ateliê, não ponho nem música, também não uso celular. Atenção é presença; o papel me ensina isso o tempo todo, a estar presente, observar o entorno. E a perceber que existem coisas que não posso controlar.

Uma coisa que me fascina é que meu ofício é uma plataforma para outras pessoas criarem em cima. E a lida com a fibra é uma coisa muito peculiar. A gente está cercada de fibras, elas são uma das coisas mais abundantes da natureza. Talvez tudo que existe seja, de alguma forma, feito de fibra. E cada fibra tem a sua particularidade. As tramas e os fios que a natureza tece são de uma tecnologia altíssima. As teias de aranha são pura força, sofisticação. E o papel é isso, um emaranhado. O papel é um emaranhado de fibras. Quando mergulho na lida com as fibras, enxergo também coisas que se emaranham na minha cabeça. Os pensamentos vão se misturando e se reorganizando junto com o processo de fazer papel. Elas não seriam papel se estivessem todas cruzadinhas; seriam tecido. O papel é emaranhado, tudo junto e misturado. Às vezes uso até quatro, cinco tipos de fibra para uma só folha. E, depois, a superfície se torna uma coisa só. Se isso não é magia, bruxaria, eu não sei o que é.

Os japoneses foram e são importantes produtores de papel artesanal. Até hoje, no Japão, existem vilas que vivem da produção do papel artesanal. É um ofício que você aprende com um mestre, passando anos no ateliê com ele, lavando o ateliê, ajudando a organizar as ferramentas. Antes de puxar a primeira folha, você precisa aprender as delicadezas da técnica. Poucas pessoas fazem papel no mundo, hoje. Aprender aqui foi um privilégio! Sinto que preciso ensinar essa técnica para que não morra comigo. Mas esse meu ofício é muito desafiador, muita gente já trabalhou aqui comigo, mas poucas chegaram a puxar a folha, a fazer todo o processo, do começo ao fim. Dizem que no Japão os papeleiros passavam sete anos para formar um aprendiz. Quando a técnica de fazer papel começou a ser difundida no mundo, os papeleiros eram profissionais muito valorizados, chegavam a ser sequestrados pela importância das técnicas que eles guardavam a sete chaves. Mas as coisas mudam, e mudam rápido. Cada lugar também tem seu jeito de estar no tempo e no espaço, não é? Por aqui e hoje em dia, o tempo é outro, as fontes de conhecimento também. As bananeiras, as helicônias, os lírios-do-brejo, todos têm as suas peculiaridades, estão em abundância na região, e é opção nossa trabalhar com as fibras daqui, preservando a identidade do lugar, construindo um diálogo com a cultura local por meio do papel artesanal.

MARIA JOSILENE KAXINAWÁ PEREIRA

Mais conhecida como Josi Kaxinawá, é coordenadora das artesãs da aldeia Txana Uri, no município de Tarauacá (AC), e líder do movimento feminino na Terra Indígena Kaxinawá Igarapé do Caucho.

12

A ARTE DE TECER MUNDOS E O CASAMENTO CONTEMPORÂNEO NUMA ALDEIA KAXINAWÁ

Sou a Josi Kaxinawá, artesã representante das mulheres da minha aldeia, Txana Uri, na Terra Indígena Igarapé do Caucho, que fica em Tarauacá, estado do Acre. Muita gente conhece nosso grupo como Kaxinawá, mas também podemos ser chamados de Huni Kuin. Kaxinawá é como um apelido, porque Huni Kuin é a palavra mais certa na origem: somos o povo Huni Kuin. A palavra *huni kuin* quer dizer "povo verdadeiro", "homem verdadeiro", "gente com costumes conhecidos". Somos os verdadeiros indígenas da floresta.

Na nossa aldeia, nós, mulheres, estamos sempre aprendendo juntas as artes kaxinawá: temos essa função, de trabalhar com as artes. Cada uma das nossas criações tem um significado diferente. Trabalhamos com a miçanga, com o crochê também. Tecemos roupas, fazemos cerâmicas e usamos a palha para fazer cesto. Sabe aquelas esteiras que a gente senta na maloca? Aquele *kupixawá* grande onde a gente se senta para tramar em cima? Tudo isso também somos nós que fazemos.

Entendo que, hoje em dia, nós, que somos mulheres indígenas, junto com as mulheres pretas e com as brancas também, temos que ter o direito à nossa liberdade, a trabalhar com o que a gente escolher, a fazer as coisas do nosso jeito, a crescer nesse movimento, desenvolvendo atividades junto com os homens, se for o caso, se a gente quiser. O meu papel enquanto mulher na aldeia é ser a líder, coordenar as outras para que aconteçam as atividades, criar espaço para trabalharmos em conjunto, fazer reunião, tomar essa frente para que funcione a organização, porque, senão, não tem como todas poderem participar, vira uma bagunça.

O papel das mulheres na minha aldeia é tecer. O mesmo que a gente faz com os fios, com as miçangas, com a palha, é o que a gente também faz entre nós, com os homens, com as crianças, com os mais velhos: a gente organiza toda essa trama, faz desenhos, cozinha, alimenta e enfeita os corpos e a aldeia.

O papel das mulheres, no plano geral, é diferente do papel dos homens. Temos a nossa forma de trabalhar e os homens têm a forma deles de se organizar. Nossa forma de enxergar e fazer as coisas é muito diferente da deles, mas a gente tem essa aliança, de trabalhar junto com os homens quando necessário, de unir as forças. Temos o nosso papel, de fazer tudo que a gente faz acontecer, cuidar de filho, de casa, essa força de mulher. É uma coisa de caráter o que a mulher é. Para além da arte, da casa, dos filhos, a gente participa também da organização dos rituais, das coisas que o próprio homem faz, ainda que eles tenham muito mais tempo. Temos um papel forte de caráter. A gente ultrapassa muitas coisas para vingar o que precisa fazer.

Com relação à parte espiritual, ajudamos no cultivo e preparação da medicina que é consagrada. Muitas mulheres tomam o *nixi pae*, e a gente se conecta espiritualmente. Nos rituais, a gente aprende com a planta a fazer os trabalhos indígenas, as nossas artes, os grafismos. Outra medicina sagrada é o rapé. A gente participa do preparo disso tudo. As mulheres consagram também.

Aprendemos a tecer e a fazer os desenhos, os nossos grafismos, com a própria jiboia. Foi ela que ensinou a primeira mulher. Também aprendemos com as aranhas, igual àquela aranhazinha ali, tá vendo? Ela tece rápido. Para tecer usamos a linha de algodão — foi ela quem nos ensinou. Na floresta tem muito bicho que tece. Antigamente, os mais velhos recebiam esse conhecimento, toda a nossa arte veio dos seres da floresta. Foi uma jiboia pequena que ensinou a primeira mulher. Ela concedeu esse conhecimento sagrado para ela, o dom do feminino, então hoje a gente faz como a aranha, tece na linha bem rapidinho, mas quem ensinou foi a jiboia. Os animais são os nossos professores, nossos ancestrais.

Nossa arte é coletiva e feminina. As mais velhas são as guardiãs, ensinam a tecelagem e os cantos para as mulheres mais novas. Na nossa língua, elas são *aîbu keneya*, que significa "mulher com desenho", ou *txana ibu aîbu*, que significa "dona dos japiins", outro animal que ensina a gente a tecer. O canto é parte da nossa arte. Durante a colheita, depois de tirar o caroço, bater e fiar as fibras do algodão, a gente canta pedindo a força das aranhas para tecer rápido, porque o fio delas já está pronto, o nosso a gente precisa fazer. O tingimento é por último, e só depois vem a parte de tecer. Para pintar o fio a gente usa cascas de árvore, mogno, cerejeira, tem o coração da bananeira também. Só com fio colorido dá pra fazer desenho.

Cada *kene*, ou desenho, pode abrir-se para revelar *ramî*, figuras. Cada desenho que a serpente ensina carrega muitos mundos escondidos. Nossa arte veio do *nixi pae*, o cipó que nos dá visão, que abre o olho para ver os desenhos. Para nós, vender a nossa arte é uma forma de manter a gente vivo, para comprar o que a gente precisa, para seguir existindo, não deixar nossa cultura morrer. É a força da tecelagem que cria novos mundos. A gente não pode parar de tecer.

Outra jiboia ensinou aos homens a arte do cipó e seus cantos, o mundo das imagens em transformação. Os homens também têm as artes deles, as funções deles. Aqui na nossa aldeia, são os homens que preparam o cipó para os rituais. A gente ajuda. O homem e a mulher, quando são casal, têm umas funções conjuntas também. Quando um homem gosta de uma menina, dentro da nossa etnia, falando sobre o que eu conheço dos Huni Kuin, os pais precisam aprovar. Ficam observando para ver se o pretendente vai dar conta da filha, né? Mandam ele para um roçado grande para ver se ele trabalha mesmo, se não é preguiçoso. Então, quando os pais aprovam, chega o dia em que eles entregam a menina para ele, e aí tem o casamento.

Para fazer o casamento, a gente chama o pajé — pode ser o cacique da aldeia também —, junto com os pais. Durante o casamento acontece um tipo de batismo, uma cantoria dando as boas-vindas para o casal. O homem tem que estar bem tradicional e a mulher, toda pintada, bem linda mesmo. Aí funciona! A cerimônia é uma coisa bem sagrada, usando o *nixi pae*. A festa dura a noite toda, o *mariri* consagrando, cantando, todo mundo cai para dentro do ritual, onde é realizado o casamento. É bem bonito!

Quando um homem e uma mulher se casam ali, durante um ritual desses, é para viver para sempre. Agora, se não deu certo, tem separação também, né? Hoje é como acontece com o povo branco, acho que a gente acabou aprendendo isso. Quando casou e não deu certo, a gente se separa. O casamento é para sempre, contanto que o casal viva bem. Os pais não gostam de casamento onde o homem pega a filha para maltratar, ou deixa ela de lado, ou não dá conta de sustentar, de cuidar dela. Não dá para a mulher ficar tranquila em algumas situações que envolvem desrespeito, violência. O casamento precisa ser tranquilo.

Na minha aldeia não tem machismo, é normal sempre aquela convivência, os homens com aquela forma deles, e as mulheres com a forma da mulher de trabalhar. Não vejo que tem machismo. O homem e a mulher fazem coisas diferentes, de formas diferentes, mas todas as duas têm o seu valor. Cada um tem a sua forma de viver, conviver, e são respeitados.

Por outro lado, não sei bem dizer quando começou isso, mas teve uma época em que o cacique podia ter mais de uma mulher. Não sei se foi coisa que os homens aprenderam com os brancos, ou se é mais antiga. Às vezes, até mesmo dentro da mesma família, duas mulheres serviam o cacique. Hoje em dia, nenhuma mulher da aldeia suporta isso. Não faz sentido para nós.

Alguns meses atrás, o cacique da nossa aldeia veio com essa história, de querer ter mais uma mulher além da sua. Todo mundo foi contra e ele precisou sair da comunidade por um tempo, para esfriar a cabeça e ver que estava enfeitiçado. Foi preciso encontrar um pajé de outra aldeia para ajudar ele a perceber que estava precisando de cura, que tinha sido enfeitiçado.

Sempre que as mulheres estão juntas, a gente conversa muito sobre essas coisas, se fortalece para poder falar para os homens o que a gente acha. Eles costumam ouvir. Quando eles não ouvem a gente, as coisas vão mal na comunidade. A mulher sabe tecer algumas coisas que os homens não sabem — se eles não ouvem a gente, fica faltando um pedaço.

LEDA MARIA MARTINS

Poeta, ensaísta, dramaturga e professora. Doutora em letras e literatura comparada pela Universidade Federal de Minas Gerais (UFMG) e mestre em artes pela Universidade de Indiana, com pós-doutorado pela Universidade de Nova York, nos Estados Unidos, e pela Universidade Federal Fluminense (UFF). É professora aposentada da UFMG. Também lecionou na Universidade Federal de Ouro Preto (Ufop) e na Tisch School of the Arts. É autora de *Performances do tempo espiralar* (Cobogó, 2021) e *Afrografias da memória* (Perspectiva/Mazza, 2021), entre outros livros e artigos.

POSFÁCIO

QUANDO MULHERES FALAM

Mulheres de terra e água nos apresenta e nos oferece depoimentos de mulheres de diversas regiões, etnias e matizes — mulheres quilombolas, ribeirinhas, indígenas, ativistas. São parteiras, tecelãs, benzedeiras, cozinheiras, plantadeiras, artesãs, artistas, mestres dos cantos e das danças, senhoras da vida, da cura e da devoção, portadoras de técnicas centenárias de fazeres e labores. Mais velhas e mais novas, mães, filhas, avós. Senhoras do corpo, senhoras do bem, senhoras da voz. No relato de suas experiências vividas se entrecruzam inúmeras atividades e diversos ofícios que exercem em suas comunidades, nas quais cumprem um efetivo papel de liderança, executando funções imemoriais, irradiando conhecimentos. No ressoo de suas vozes, no plantio das terras, na defesa de suas tradições e territórios, de seu patrimônio material e imaterial, na resistência às invasões e apropriações indevidas, na preservação de sua cultura e bens simbólicos, no papel professoral de difusão, domínio e passagem dos saberes capturamos a nobreza e extensão de suas labutas cotidianas. Acompanhamos seus sobressaltos, suas lutas e insurgências, assim como suas ações e conquistas — e sua resiliência.

Nos relatos tocantes, e até mesmo comoventes, o discurso alia a descrição objetiva de fatos e acontecimentos ao tônus poético, numa linguagem performática que exercita os modos da narração oral e das oralituras; paisagens sonoras nas quais a voz nos cria gestos, cores, movimentos e múltiplos meios de expressão que dinamizam os processos narrativos, tornando quem lê participante ativo do narrado e de seus efeitos e suas afetações. Entremeada de ritornelos, pausas expressivas, aliterações e ordenamentos significativos, motivados ora pela dor, ora pelo êxito de alguma realização, as narrações se desenvolvem em ritmos que se aceleram e se contraem, em fluxos e extensões vocais diferenciados, expandindo o tônus narrativo, acentuando situações, enovelando detalhes e circunstâncias. Mesclando o discurso direto com o indireto, muitas vezes o real se entrelaça com contos, causos, compondo um tricô de palavras, na saborosa performance do dito.

Ao mesmo tempo que revelam o sofrimento, as situações mais tensas e conflituosas, e acentuam as carências de suprimentos, de afetos e de perspectivas sociais mais efetivas, que afetam as narradoras e as pessoas em seu entorno, esculpindo suas subjetividades, as narrações também realçam e sublinham as ações e atitudes que motivam suas trajetórias e seus percursos, modulados por um forte sentimento de dever, de postulações éticas, de compromissos, tudo feito com toques de uma contagiante e suave alegria. Há ali o prazer em agir, o gosto pelo realizado, o sabor das conquistas pequenas, às vezes miúdas, mas expressivas, o sorriso encantador das narradoras que tornam as narrativas também encantatórias. O domínio e o exercício do saber operam sempre a favor do bem comunitário, um bem aureolado por um vínculo íntimo com o sagrado.

São múltiplos esses relatos.

Na narrativa das mulheres indígenas, por exemplo, tomam vulto as violações sofridas, que se traduzem de vários modos, dentre eles as imposições e devastações advindas de assimétricas relações de poder com os processos de colonização, cujos agentes proíbem, discriminam, destroem há séculos os modos de concepção, de pertencimento e de expressão dos povos ancestrais, transtornando os costumes, as relações sociais, as formas de organização e de relação entre os membros das aldeias e comunidades, infringindo perdas as mais diversas, dentre elas as das línguas originárias. Cristine Takuá, da Aldeia Guarani Rio Silveira, em Bertioga (SP), afirma:

> A gente sabe que, com a chegada do colonizador e do cristianismo, houve aquele momento de interrupção da organização social das comunidades indígenas. Pela cruz e pela espada, outra moral foi imposta dentro das comunidades indígenas, remodelando nossos sistemas de casamento, nossa organização política, social e até cultural. Hoje em dia, existe uma sobreposição do homem com relação à mulher em alguns níveis. No caso das lideranças, por exemplo, que são na maioria das vezes masculinas, acredito que seja uma consequência da imposição visão cristã europeia, ou uma reação da nossa cultura a essa moral que eu considero quadrada. As crenças trazidas pela igreja católica são limitadas a conceitos que não pertenciam aos povos indígenas.
>
> Eu sou Maxakali, pertenço a um povo de Minas Gerais. Temos uma concepção da existência do homem e da mulher diferente da forma como a Itália ou a Espanha enxergam. Deve ter sido um grande choque, em outros tempos. O povo Guarani também tem uma visão do ser e do existir aqui na Terra que é muito diversa. Os Guarani falam em *teko porã*,

que é uma forma boa e bela de existir no território. Para que possamos ser e existir de uma forma equilibrada neste planeta, tem que haver respeito. Se hoje existe o machismo, que é a imposição do homem sobre a mulher, obrigando e ditando regras, é uma consequência do contato com o colonizador. Antigamente, não era assim. [...]

Quando penso na palavra "feminismo", antes de tudo, preciso pontuar que é uma concepção que parte das sociedades não indígenas. Então, quando a gente tenta trazer para o nosso entendimento, dentro da nossa ótica, das experiências que acontecem nas comunidades que frequentamos, que são muitas, fica tudo ainda mais complexo. [...] Nós nos preocupamos não somente com a violência contra a mulher mas também com o papel da mulher dentro e fora da comunidade, na política de modo geral. Essa é uma questão muito complexa, que pode ser vista por muitos ângulos.

Nesse universo de violações, a escolarização e o domínio das letras passam a ser também um meio de enfrentamento e de aquisição de instrumentais necessários para lutar contra a violência e a favor da preservação e da sobrevivência, como pontua Adriele Vergílio, estudante de direito da Serra da Bodoquena, em Mato Grosso do Sul:

Meu nome é Adriele, tenho 23 anos e sou falante de kadiwéu, minha língua materna, com muito orgulho. Era um sonho meu fazer faculdade e fiquei em dúvida entre direito e artes plásticas, mas acabei escolhendo direito, para lutar pelo meu povo. [...] Minha opção de fazer faculdade de direito tem muito a ver com o que aconteceu com o meu irmão. [...] O sonho dele era ser engenheiro. Eu sempre quis fazer justiça, lutar pelos direitos da minha gente, queria que as pessoas que assassinaram meu irmão pudessem pagar pelo que fizeram. Me formar em direito vai me ajudar a seguir com as nossas lutas para existir em paz. [...] Na minha aldeia tem quatro igrejas, todas evangélicas, e eu fazia parte de uma. Hoje em dia é difícil de eu ir, porque estou morando em Bodoquena. Não querendo falar mal das igrejas, porque faço parte de uma e eu acredito muito em Deus, mas acho que os índios e os brancos têm, cada um, a sua cultura, e um não precisava ficar querendo se impor sobre o outro. Depois que a igreja entrou aqui, de forma ativa, somos obrigados a seguir alguns pastores que vêm de fora, e eles proíbem a gente de se pintar, por exemplo, que é uma coisa muito nossa. Antigamente existia a festa da moça, em que os convidados dos pais da moça enchiam uma bacia com bebida alcoólica. Era costume dar aos convidados, e eles tinham que tomar a bebida na própria cuia. A igreja foi proibindo isso também. A gente quase não sabe mais do nosso passado, da nossa cultura. A única coisa que ainda resiste é a nossa língua materna, só que aos poucos as crianças também estão deixando de falar. Isso tem acontecido em várias aldeias.

O ritual da moça era uma festa de três dias em que o pessoal dançava, as mulheres mais velhas cantavam, mas o motivo principal era a passagem das meninas da aldeia para a vida adulta. Só que, de um tempo para cá, a menina vira moça e eles festejam dentro da igreja, de uma forma totalmente diferente. É como aquelas festas de quinze anos de branco, sabe? Não existe mais a nossa tradição. Eu gosto muito de me pintar, e nem na festa da moça a gente se pinta mais. Só no Dia do Índio, mesmo. Na igreja, não pode ir pintada. A gente acabou deixando as pinturas para usar

> só na cerâmica. Precisa ir bem-comportada na igreja, não pode mostrar o ombro nem usar saia e shorts, somente para baixo do joelho. [...] O nome português vai na identidade, o indígena fica no registro da Funai.

A devastação cultural e territorial acarreta uma migração contínua, seja pelas margens dos seus antigos territórios, seja na própria transformação da cultura, o que os sujeita a um trânsito imposto, tornando-os seres que beiram as cidades, que beiram os rios, que beiram a própria história, como se depreende da pujante narrativa de Creuza Kadiwéu, habitante da Aldeia Alves de Barros, no Pantanal:

> Meu nome é Creuza, sou da etnia Kadiwéu, mãe de três filhos. Não posso deixar de dizer que um deles foi assassinado aos 22 anos. Sou presidente da Fundação Amak, a Associação das Mulheres Artistas Kadiwéu, aqui na Aldeia Alves de Barros. Represento a mulher artista, que luta pelo seu trabalho e pelo seu território, que defende a sua arte e o direito de ser quem é. No mundo ainda existe muito preconceito e discriminação, mas jamais vou desistir de mim e da minha gente. Aqui na minha aldeia, recebemos todo mundo muito bem, mas não é assim que somos recebidos na maioria dos lugares aonde vamos quando saímos daqui.
>
> Meu nome indígena é Axapije, que tem a ver com a Guerra do Paraguai. Ficamos por último, de um lado para outro da margem, habitando uma terceira margem, melhor dizendo, "beirando o rio". Os conflitos e as guerras não são mais como antes, mas ainda continuam existindo, em especial por conta da disputa pelo território. É difícil de acabar, ainda estamos vivendo a mesma luta — não somente os

> Kadiwéu, todos os povos do Brasil e de fora do Brasil, tenho certeza disso. Não tenho leitura, não falo português tão bem, não tenho acesso a tanta tecnologia, mas sinto e sei certas coisas. Essas disputas continuam no nosso dia a dia. Todo dia é uma luta diária para podermos existir. A questão do desmatamento, por exemplo, são coisas que a gente sente no coração, e nos entristecem. Tantos seres ali, lutando pela sobrevivência, tantos irmãos, parentes buscando uma terra viva para viver em cima, um território para cuidar. [...] Sem a natureza, não podemos existir. Sobrevivemos entre a caça e o cultivo, fazemos parte do meio. O meio faz parte da gente.

Uma das narrativas mais sensíveis e tocantes é a de Dona Filomena, moradora da Estância Hidromineral de Águas de Lindoia (SP), que, depois de vários abortos espontâneos, deu à luz uma criança intersexo, Natália. Às dificuldades rotineiras somaram-se o desconhecimento da questão, a falta de orientações adequadas, o preconceito, a discriminação e as rotulações pejorativas, no âmbito familiar e coletivo, que fizeram crescer a angústia. A coragem da mãe e da filha, sua resiliência e busca pela compreensão do diverso, em particular na questão de gênero, refletem a conquista e o aprendizado sobre si mesmas e sobre todas as formas de alteridades que nos cercam e que são cerceadas, estigmatizadas e até mesmo exiladas. De suas lutas e experiências desagua um saber exemplar, transformador, digno de uma percepção que prima pela inclusão e respeito às diversidades e vontades. Um desejo de mundo. Diz ela:

> Mas a gente precisa respeitar as escolhas, experiências e preferências de cada pessoa. Ninguém sabe o que é viver no corpo do outro. Cada um só sabe da sua vida, das suas

> escolhas. [...] Então, pensa comigo: um corpo igual ao da Natália, que tem essa confusão de gênero, não sei nem se é um problema. Talvez seja a própria solução, uma forma de fazer o mundo enxergar a realidade. E só o que posso dizer é: você é você, eu sou eu. Nunca tente entender ou julgar o que se passa do outro lado. Isso cria barreiras entre as pessoas. Isso afasta a gente do outro. Comecei a não dar mais atenção para o que as pessoas falam. A gente não pode ser o que os outros querem que a gente seja.
>
> Depois de tanto trabalhar de faxineira e empregada doméstica, ainda consegui dar a volta por cima, me separei e fui estudar. Hoje eu amo ler e escrever. Consegui colocar a raiva para fora estando junto da natureza, lendo, tomando banho com a água mineral. Comecei a me colocar no lugar da minha filha, até mesmo do meu ex-marido. Hoje não tenho nenhum remorso ou coisa mal resolvida com eles. Até hoje, quando as pessoas perguntam pra minha filha sobre a sexualidade dela, não sei dizer o que ela responde, mas acho que o problema está muito mais na necessidade que as pessoas têm de encaixar os outros do que no corpo dela.

De certo modo, essa percepção inclusiva e salutar encontra eco na narrativa maxakali sobre os princípios masculino e feminino, muitas vezes considerados opostos, mas que na cultura maxakali são tidos não como excludentes, e sim como complementares, parte de uma concepção ontológica não dicotômica, mas plural, na qual as diferenças constitutivas dos seres não são adversas nem perversas, mas necessárias para a plenitude cósmica e até mesmo individual, assim revelada por Cristine Takuá, da Aldeia Guarani Rio Silveira, no Litoral Norte de São Paulo:

Na cosmologia guarani mbya, por exemplo, existe um entendimento de dois princípios opostos, que compõem tudo o que existe: o princípio rápido, que em guarani é *anhã*, e o princípio lento, que é *mbeguei*. São duas energias que se complementam, mas não são, necessariamente, incorporações do bem ou do mal, do homem ou da mulher. São princípios opostos que estão em nossos corpos, que compõem tudo o que existe no cosmo. Se a gente adoece de algum mal-estar, é porque essas energias estão desequilibradas. Todos nós, seja homem ou mulher, temos esses dois princípios. Cabe a cada um de nós criar a ponte entre seus opostos, um equilíbrio entre eles. Porque, se a gente deixa a energia do rápido (*anhã*) sobressair, vai ficar acelerado e desenvolver uma série de distúrbios no corpo. Por outro lado, se a gente ficar preso no princípio mais lento (*mbeguei*), também não vai ter disposição para fazer o que a gente precisa no dia a dia.

A grande busca é perceber que nós somos feitos de polos contrários e necessários, que se complementam, e que é possível encontrar o equilíbrio entre eles. Isso exige atenção especial a coisas como a alimentação, a prática da espiritualidade, a própria concepção da existência, um diálogo de você com você. Existem vários pontos que precisam ser olhados para conseguir chegar a esse equilíbrio. É uma prática constante que os *txeramoi*, rezadores mais velhos, sempre nos orientam.

Assim, todas as narrativas são exemplares, e nelas alguns temas ou eixos se entrelaçam, seja no interior delas mesmas, seja em relação umas às outras, criando tessituras que se complementam e se nutrem. A função de parteira, por exemplo, é uma das mais evocadas e sempre tida como um dom sagrado, motivador de uma satisfação pessoal ímpar. Ouçamos Mãe Zezé, de Taquara de Cima, em Caruaru (PE):

> Já peguei filho dos filhos das mulheres que nasceram comigo. E como gosto de pegar criança! Trabalho como parteira há quase quarenta anos. Já tive os meus filhos também, e danço, minha gente. Arrasto pé que é uma beleza! [...] Nascer é a primeira coisa que a gente faz, nosso ritual de passagem primeiro. Leva tempo pra gente se acostumar com a nossa pele e achar nosso lugar, mas as parteiras e benzedeiras estão aqui pra dar esse primeiro afago. Somos as mães que as mães não sabem mais ser. Sei que as pessoas modernas estão querendo nascer no hospital com cesariana, mas acho muito triste nascer num lugar tão frio, cheio de máquina. A placenta, por exemplo, a gente enterra. A gente tem que dar a passagem, como faz a água. Depois tem que plantar a raiz da criança na terra, pra ancorar. Isso ajuda a criança a não sentir solidão depois.

Mãe Lalá, da zona rural de Tocos do Moji (MG), observa o poder dos astros na saúde das plantas e dos seres humanos. Assim se interliga a culinária ao cuidar das crianças e ao cuidar da terra, num tricotar alquímico temperado pelos humores da lua que balança os berços assim como balança as plantas, enovelando também os tempos das tessituras. Cuidar das crianças e dos morangos é assim similar e exige o desempenho dos mesmos cuidados:

> As pessoas me chamam de Mãe Lalá porque o que faço melhor é cuidar de criança mesmo, adoro bebê pequeno. Vai nascendo um atrás do outro, e vou ajudando a cuidar. Em toda

casa onde trabalhei eu levava as minhas crianças comigo, então meus "filhos de coração" viam meus "filhos de barriga" me chamando de mãe e me tratavam assim também. Guardo muita recordação dessas crianças de quem cuidei. Hoje já são todos adultos, mas, se eu encontrar, ainda vão me chamar de mãe. [...] Não tenho mais que cuidar de criança, mas cuido dos moranguinhos. E o morango gosta de sol que nem eu. Ele precisa da chuva para crescer, mas a melhor época é a de sol. Quando o frio chega ele estraga um pouco, mas se recupera rápido e dá o ano todo. [...] Lá no plantio, a gente vê o sol amanhecer e se sente abraçada. Tenho uma lanterna de cabeça, coloco na testa, aprendi a andar de moto. Pego a moto e vou às quatro da manhã pra lá, subo o morro com o bornal já amarrado no corpo. Aí a gente põe a mistura e uma garrafa de água na sacola, que vai no corpo. Aqui a gente fala "borná". [...] A lua também balança demais a vontade das plantas. Plantar abóbora na lua minguante não dá bicho. Se você planta, dependendo da lua, não vai pra frente. Na cheia, os bichos tomam conta. Milho também, a lua balança.

À destreza no parto se aliam as técnicas de preparo de remédios e de alimentos. Ser parteira, benzedeira e cozinheira torna-se, assim, complementar. Faz parte de processos alquímicos que possibilitam o nascer e a permanência da vida e da existência. Trazer à luz, nutrir com alimentos e afetos, espantar os males do corpo e dos espíritos, coser os ferimentos e cozer os suprimentos são fios que se imbricam nos processos de cura. Curar é, assim, possibilitar o cultivo e a permanência saudável dos seres da natureza, que incluem o próprio humano, como sintetiza a sábia pajé pataxó Dona Jaçanã, da Aldeia Velha, em Arraial d'Ajuda (BA):

Fui escolhida pelo povo de Aldeia Velha para ser pajé. Eles me viam fazendo remédio, fazendo parto, fazendo cura, e me escolheram. Eu já nasci com esse dom, foi Tupã que me deu. E fico muito alegre, porque fazendo remédio consigo ajudar as pessoas. Quem cura é Tupã, mas sou eu que faço os remédios, grata por esse ensinamento que ele me deu. Gosto de fazer as coisas que faço, mas para mim não é nada de mais. [...]

Muita coisa eu aprendi com os animais. As frutas que o macaco come a gente pode comer também, mas as que o macaco não come a gente não pode comer de jeito nenhum: são veneno. Assim como os animais, da terra a gente veio, e vamos voltar de novo pra ela. Não tem como fugir disso. Não tenho leitura, mas tem coisas que eu sei. Não tive vontade de aprender porque a minha memória não dá pra decorar leitura. Agora a língua da terra eu sei, porque é viva e eu posso sentir. [...] Quando estou com as plantas, fico com o ar livre, me sinto muito bem. É por isso que é da natureza que tiro meus remédios, tiro respiração, tiro amor. A floresta é como uma mãe para mim. Se eu pudesse, nunca cortava um pau, para não matar a natureza, que Tupã deu para nos curar. É ele, através da natureza, que dita os remédios que preciso fazer. A gente cuida dela, e ela cuida da gente, tem muito remédio na natureza, muita coisa que ninguém ainda nem descobriu. Eu me sinto muito bem em viver dessa forma. Se eu pudesse, cuidava ainda melhor da natureza, porque a natureza está logo abaixo de Tupã, só dá coisas boas pra gente.

A ciência do ofício de parteira traduz ainda um saber filosófico, um modo particular de concepção dos seres, uma desafiadora e instigante cosmologia das temporalidades, como o pensamento sobre as complexas relações entre o tempo e o nascimento, expresso nesse fragmento da fala de Dona Zefa da Guia, do Quilombo Serra da Guia, em Poço Redondo (SE):

> O que é mais velho que o tempo é uma criança que a mãe tem antes do tempo. Um neném que avançou o sinal foi mais velho que o tempo, atropelou. Sim, estou falando do aborto. Um menino que nasce de sete ou cinco meses quis nascer primeiro que o tempo. Por isso eu digo que minha vida é uma mistura de tristeza e alegria. Nunca pensei que passaria por tanta emoção. É vivo, é morto. É passagem pra todo lado. Tá vivo! Tá morto! E assim segue.

Os saberes são artes do fazer e desafiam a ideia de uma estética desvinculada da prática social efetiva, salientada por Cristine Takuá:

> A visão que o branco ocidental tem da arte é muito restrita e modelada. A arte para os povos indígenas é um conceito mais amplo. Vários saberes e fazeres nossos são praticados através da arte, porque para uma parteira fazer um parto ela vai ter que confeccionar a faquinha de bambu para poder depois cortar o cordão umbilical. Vai ter que saber qual planta usar para massagear a mulher ou o bebê. Existe todo um processo de realização daquele ato em si que é artístico, manual e único. Não é qualquer pessoa que faz aquilo, que tem o dom de fazer um parto de forma primorosa, delicada e atenta.

Assim, todos os ofícios exercidos por essas mulheres, advogar, medicar, ensinar, cozinhar, plantar, dançar e cantar, benzer, criar papiros com as fibras e folhas das bananeiras, curar, cuidar de si e do outro, tornam-se um exercício criativo nas artes da tecelagem. O aprendizado e domínio do tecer incluem os meios e formas de habitar, ocupar os territórios e de tricotar mundos, como nos revela Josi Kaxinawá, da Aldeia Txana Uri, na Terra Indígena Igarapé do Caucho, em Tarauacá (AC):

> O papel das mulheres na minha aldeia é tecer. O mesmo que a gente faz com os fios, com as miçangas, com a palha, é o que a gente também faz entre nós, com os homens, com as crianças, com os mais velhos: a gente organiza toda essa trama, faz desenhos, cozinha, alimenta e enfeita os corpos e a aldeia. [...]
>
> Aprendemos a tecer e a fazer os desenhos, os nossos grafismos, com a própria jiboia. Foi ela que ensinou a primeira mulher. Também aprendemos com as aranhas, igual àquela aranhazinha ali, tá vendo? Ela tece rápido. Para tecer usamos a linha de algodão — foi ela quem nos ensinou. Na floresta tem muito bicho que tece. Antigamente, os mais velhos recebiam esse conhecimento, toda a nossa arte veio dos seres da floresta. Foi uma jiboia pequena que ensinou a primeira mulher, chamada Bari Sirî Ika. Ela concedeu esse conhecimento sagrado para ela, o dom do feminino, então hoje a gente faz como a aranha, tece na linha bem rapidinho, mas quem ensinou foi a jiboia. [...]
>
> Nossa arte é coletiva e feminina. As mais velhas são as guardiãs, ensinam a tecelagem e os cantos para as mulheres mais novas. Na nossa língua, elas são *aîbu keneya*, que significa "mulher com desenho", ou *txana ibu aîbu*, que significa "dona dos japiins", outro animal que ensina a gente a tecer. O canto é parte da nossa arte. Durante a colheita,

depois de tirar o caroço, bater e fiar as fibras do algodão, a gente canta pedindo a força das aranhas para tecer rápido, porque o fio delas já está pronto, o nosso a gente precisa fazer. O tingimento é por último, e só depois vem a parte de tecer. Para pintar o fio a gente usa cascas de árvore, mogno, cerejeira, tem o coração da bananeira também. Só com fio colorido dá pra fazer desenho. [...] É a força da tecelagem que cria novos mundos. A gente não pode parar de tecer.

Tecer é também tornar o corpo lugar de inscrição do saber e da memória. Esculpir a cerâmica, pintar o barro e as películas corporais, cuidar das crianças e das plantas, coser a dor, nutrir a terra e seus habitantes, trazer à luz e auxiliar na morte, dominar as ciências das ervas e dos alimentos com técnicas do fazer milenares, guardar, resguardar, aprender e ensinar. Tudo isso é inscrição de memória, de identidades e de subjetividades. São escrituras da voz, territórios e linguagens de conhecimentos complexos. Como bem dito por Creuza Kadiwéu:

A pintura ajuda a manter o corpo saudável, e percebemos quando alguém está doente: muitas vezes alguém fica anêmico, a pintura simplesmente não pega. Ela também funciona como uma forma de vestir o corpo para um motivo especial. Não nos sentimos peladas quando estamos pintadas. Estamos vestidas da nossa cultura. Eu sempre valorizo minha obra de arte como mulher guerreira, indígena, batalhadora. Para nós, a pintura é o símbolo de uma etnia, sempre à disposição e fiel ao nosso território.

Precisamos do nosso território e ele precisa da gente. O que sinto dentro do meu coração e ressalto, em nome das mulheres guerreiras kadiwéu, é a importância do território,

> da nossa ligação com a terra, os nossos banhos de rio, a valorização, o cuidado e a proteção mútua. A caça, o cultivo, a matéria-prima, os animais com quem convivemos, isso tudo é a nossa vida. Somos nutridos pela terra e por isso queremos bem a ela, cuidamos dela. Cuidamos da nossa vida, não ficamos dizendo para ninguém como tem que fazer as coisas, nem julgando o que acontece do lado de fora. Só queremos ficar em paz. Eu queria deixar esse lembrete: a importância de preservar a terra, o nosso território. [...] O território é a nossa vida. Nosso lugar. É uma extensão de quem somos.

"A gente não pode parar de tecer", nos ensina Josi Kaxinawá. Os relatos e enredos dessas mulheres, aranhas tecelãs, cumprem uma função pedagógica exemplar nas suas comunidades — e para nós, suas leitoras e seus leitores, pois suas vozes também traduzem e transmitem um saber ensolarado que nos imanta e que pode revestir e irradiar uma ética de convivência e um labor que aponta para uma alterna percepção da existência, na qual a lembrança da dor traz consigo não o ressentimento, mas a pulsão de vida que suas experiências singulares irradiam, assim dito por Dona Zefa da Guia:

> Acredito na força daquela mulher guerreira, que luta e tem aquele momento de sentir as coisas que são boas pra ela guerrilhar, vencer e crescer na unidade que ela sente como a felicidade. Mulher guerreira importante é mulher que defende as outras e defende até o próprio, que seja homem. O papel da mulher, hoje, na movimentação que se vê, é que às vezes elas sofrem, são agressivas com este sistema difícil. A gente se preocupa com esse momento que estamos vivendo em toda comunidade e no mundo em geral. Acho

> que a mulher deve ter um entendimento da recordação do sofrimento e da mágoa que a gente vive nos dias de hoje, para poder ajudar o mundo a melhorar.

Melhorar o mundo. Escrever o sonho. Inscrever a vida na sonoridade pujante da voz. Assim falam essas narradoras, griôs de seu povo. Todas as primorosas narrativas deste livro nos revelam mulheres ímpares, cuias de saberes, cuias de afetos, exemplares tecelãs da vida e das inúmeras artes do corpo e das curas. São relatos densos, às vezes tensos, nos quais o imaginário, assim como o sonho, é composto de fios dos tecidos que tramam as franjas do real que as constituem. São saborosos e primorosos, plenos de sabedorias, sonoridades e delicadezas. Ativam nossa escuta, nos encaminham e convidam alcançar um bem inestimável, o conhecimento de si e dos vários outros que floreiam o mundo e que também nos podem habitar. Como bem traduz a filosofia guarani, na voz de Cristine Takuá: "Existe uma palavra que me toca, e eu acho muito profunda na língua guarani mbya, que é a palavra *arandu*. Muita gente traduz como 'sabedoria', mas na verdade *arandu* significa 'alcançar o entendimento da própria sombra'. E sentir a própria sombra gera uma delicadeza, um estado de espírito equilibrado, um conhecimento de si".

IDEALIZAÇÃO
Lucila Losito / Tomar Corpo

APOIO
Mulheres da Terra
Acaia Pantanal

AGRADECIMENTOS
Kaaysá Art Residency
Campo de Heliantos
Hal Wildson

ENTREVISTAS
Isadora Carneiro
Mayara Boaretto
Isadora Brant
Niels Kloumberg
Fernando Lima
Gustavo de Castro
Lucila Losito

O vídeo com trechos das entrevistas que compõem este livro pode ser acessado aqui:

Este livro é resultado do projeto Mulheres de Terra e Água, contemplado pelo Programa de Ação Cultural (ProAC) do governo do estado de São Paulo por meio do Edital 23/2020 — Produção e publicação de obras sobre patrimônio histórico e cultural material e imaterial.

PROAC PROGRAMA DE AÇÃO CULTURAL SÃO PAULO

GOVERNO DO ESTADO DE SÃO PAULO
Secretaria de Desenvolvimento Social

Primeira edição, setembro de 2022
Primeira reimpressão, agosto de 2023
São Paulo, Brasil

Dados Internacionais de Catalogação na Publicação (CIP)
Angélica Ilacqua CRB-8/7057

Mulheres de terra e água / organizado por Lucila
Losito. — São Paulo: Elefante, 2022.
180 p.

ISBN 978-85-93115-80-6

1. Mulheres – Brasil – Depoimentos
2. Mulheres – Brasil – Narrativas pessoais
3. Feminismo I. Losito, Lucila

22-4226 CDD 305.420922

Índice para catálogo sistemático:
1. Mulheres – Brasil – Depoimentos

elefante

editoraelefante.com.br
contato@editoraelefante.com.br
fb.com/editoraelefante
@editoraelefante

Aline Tieme [comercial]
Samanta Marinho [financeiro]
Sidney Schunck [design]
Teresa Cristina [redes]

FONTES Elza & Heldane Text
PAPÉIS Cartão 250 g/m² & Pólen Bold 70 g/m²
IMPRESSÃO BMF Gráfica